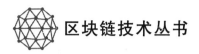

区块链技术丛书

区块链性能提升技术

杨耀东　周　期　杜　挺　编著

北京邮电大学出版社
www.buptpress.com

内容简介

近年来,分布式记账技术——去中心化且无信任共识的区块链网络(如比特币、以太坊等),已经开始重塑世界经济运行的方式,被人们寄予很高的期望。但在全球金融交易量高速增长的今天,目前的区块链方案(低吞吐能力)无法满足多样化的全球商务活动的需要。然而,如果只是简单地追求高吞吐量,通常会牺牲区块链去中心化或者安全性这些重要特征。一个合格的区块链方案需要具有能满足现实金融活动的高吞吐能力,同时保持足够的安全性和去中心化(广泛的参与度),但这是极为困难的。扩容问题已经成为制约区块链发展的瓶颈。针对这一问题,本书将系统地梳理目前各种潜在的解决方案,试图找出最为可行的扩容路线图。

本书内容浅显易懂,为想了解区块链的人士,特别是那些对区块链扩容问题感兴趣的读者提供了一份实用的参考文档。我们期待越来越多的人能加入区块链领域,早日解决存在的性能瓶颈问题,实现应用落地。

图书在版编目(CIP)数据

区块链性能提升技术 / 杨耀东,周期,杜挺编著. -- 北京:北京邮电大学出版社,2020.1
ISBN 978-7-5635-5916-9

Ⅰ. ①区… Ⅱ. ①杨… ②周… ③杜… Ⅲ. ①电子商务—支付方式—研究

Ⅳ. ①F713.361.3

中国版本图书馆 CIP 数据核字(2019)第 247403 号

策划编辑:姚 顺 刘纳新　　责任编辑:刘春棠　　封面设计:柏拉图

出版发行:北京邮电大学出版社
社　　址:北京市海淀区西土城路 10 号
邮政编码:100876
发 行 部:电话:010-62282185　传真:010-62283578
E-mail:publish@bupt.edu.cn
经　　销:各地新华书店
印　　刷:北京玺诚印务有限公司
开　　本:720 mm×1 000 mm　1/16
印　　张:13
字　　数:190 千字
版　　次:2020 年 1 月第 1 版
印　　次:2020 年 1 月第 1 次印刷

ISBN 978-7-5635-5916-9　　　　　　　　　　　　　　定价:48.00 元

・如有印装质量问题,请与北京邮电大学出版社发行部联系・

区块链技术丛书

顾问委员会

谢钟毓　安起雷　刘　权　吴　震　朱幼平　邓　迪

学术委员会

马兆丰　胡继晔　庞　严　梁　伟　张小军　马晓莉

编委会

总 主 编　陈晓华　吴家富
副总主编　魏翼飞　吕　艳　邹发安
编　　委　刘　彬　李　军　姜景锋　杨耀东
　　　　　　周　期　高泽龙　杜　挺　相里朋
　　　　　　吕　艳　王宇辉　谢　锐　张锦南
总 策 划　姚　顺
秘 书 长　刘纳新

前　言

"币圈一日，人间一年。"从 2017 年下半年开始，我在数个不同场合多次听到了这句话。无论这样的比喻是否恰当，这句话表达出区块链行业正在经历着快速发展，或许只是发展得太快了。区块链加密币市场一两天的变化确实比得上传统股票市场一两个月的变化（图 1 显示了 2017 年到 2019 年比特币价格的大起大落，折射出区块链行业的快速变化）。这种场景让人不禁联想到 20 年前的互联网。

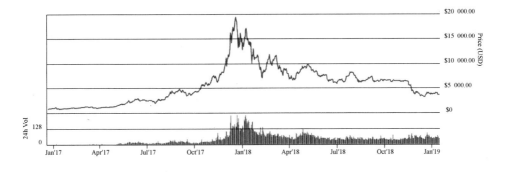

图 1①

---

① 数据查询自 coinmarketcap.com，https://coinmarketcap.com/currencies/bitcoin。

1995年，成立仅16个月而且处于亏损的网景（Netscape）公司在纳斯达克上市，当天股价从28美元迅速上涨到75美元，点燃了投资者的激情。之后多家互联网科技公司上市都做到了首日股价翻番。由于受到市场的热捧，美国纳斯达克指数在1998—2000年从1 000点涨到了5 000点（图2展现了从1998年到2001年纳斯达克指数"翻越了5倍高山"）。但好景不长，2000年2月美联储开始加息，造成流动性减少，并且投资者担心美国司法部对微软关于是否垄断市场的调查得出不利结论，当年3月市场开始抛售股票，互联网泡沫随之破灭。可谓"成也萧何，败也萧何"，如果说是网景公司的上市引爆了纳斯达克的这轮上涨的话，那暴跌的导火索也和网景有密切关系。当时网景公司起诉微软，抗议后者把IE浏览器预装在Windows操作系统中形成垄断市场。如果你身处于2018年的区块链行业，那大概率能体会到20年前互联网创业者以及投资人坐过山车般的心境。

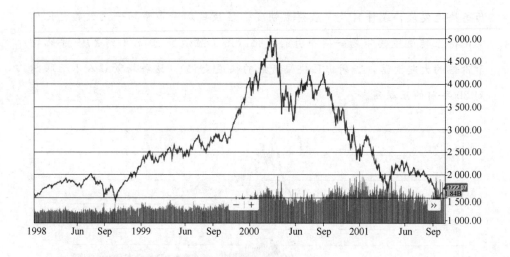

图2①

  不过我的感受可能跟20年前的大多数创业者有所不同。

---

① 数据查询自雅虎财经，https://finance.yahoo.com/。

前言

2018年8月，我在广州作为听众参加了一场区块链项目的推介会，推介会上COA项目的讲师充满激情地向台下的大爷大妈们呐喊："区块链将改变世界，我要把毕生的精力都投入到区块链行业中去！"台下稀稀拉拉的听众们却不为台上的激情所感染，鲜有人鼓掌。坐在我旁边的一位大妈拿出会场赠送资料袋中印有"黄金链"字样的塑料扇子开始扇风，想让自己更凉快一些。她看我望向她，就问我知道什么时候抽奖吗？我这才意识到会场后面的众多的"保健枕头"是给听众抽奖用的，同时深深地感觉到自己并不属于这里。我很可能走进了一个"空气币"的推介会。随着区块链概念的迅速升温，原来做传销的、电信诈骗的、虚假保健品销售的有了新的噱头，纷纷转战"区块链"。在新科技外衣的包裹下，打着加密币投资的名义进行着非法集资和传销。我隐隐感到这样的行为很糟糕，刚刚发展没几年的区块链行业很可能就要被他们抹上坏名声。

我的想法很快就得到了验证。2018年11月，我到北京参加一个互联网企业级解决方案的行业年会，当向一群做互联网营销工具的参会者介绍自己是做区块链的时候，他们露出了就像陷入传销窝点盼望解救的表情。可能怕我突然向他们推销某种币，所以干脆不再跟我说话了。其实区块链在企业端有大量的应用潜力，2015年由Linux基金会主导的区块链项目"超级账本"在早期就吸引了IBM、Intel等行业巨头加入。而到了2018年，在乐于"Copy to China"中国互联网企业服务提供商心目中，"区块链"这个词可能更多和"传销"黏在了一起。

我不得不反思应该怎么做才能为区块链正名。作为这个行业中的一分子，可能除了做好自己的项目之外，还需要不断地宣传区块链。互联网通信的发展给信息传播提供了巨大的便利，但如果"真"的声音不能发出，那就会充斥"假"的信息。

出于这个单纯的目的，在北京邮电大学出版社姚顺编辑的鼓励下，我和几位伙伴创作了此书，希望给对这个行业感兴趣的朋友提供一点点参考。虽然比特币已经走过10年的历史,也"翻越过了几座高山(图1中的那种山)",但毫无疑问,整个区块链行业还处于发展的早期。就像修建高楼大厦一样,早期的主要工作就是设计图纸、准备材料和工具、挖掘地基。在这些打基础的工作中,我个人认为区块链性能提升是非常重要和紧急的。这实际上也是比特币社区当前面临的最为迫切的问题。由于这个问题很棘手,所以在2017年夏天比特币社区不能等待更长时间的讨论或是实验出一种更好的方法的前提下,采用硬分叉的手段分裂出了比特币现金项目,以达到"允许一部分人按他们的想法去探索比特币的扩容"的目标。回顾一下比特币的发展史,你会发现实际上就是一部扩容史。如果你同意我关于扩容问题重要性的判断,那么希望你读了本书之后,能对区块链扩容问题和目前的解决思路有一些初步的了解,也能感受到区块链社区十年来的不断进化和迅速发展,体会到加密经济学的魅力。

本书共6章:第1章简要回顾了比特币的由来和价值网络的特征,并从区块链日益增长的需求引出当前业内最为关注的可扩展性问题。第2章到第5章选择了几种比较有代表性的对现有区块链网络进行扩容的尝试,其中我们重点围绕链上扩容方案展开讨论。第2章介绍通过调整出块的各种参数来提升吞吐量;第3章讨论不同的共识机制对性能的影响;第4章介绍水平扩容方案:分片;第5章介绍链下扩容的思路。最后一章则面向未来,和读者一起思考当高性能区块链网络建成之后,会对我们的生活有什么样的影响。书中有部分内容标记为"扩展阅读",不看这些内容并不影响正文前后呼应,但笔者觉得有些读者会感兴趣,所以放在了文中。区块链的历史还很短,很多观点正在碰撞,理论还在不停地发展,技术也在不断地迭代,所以当面对某个话题有截然不同的观点时,笔者并不愿意草率地评论"错"或"对",更愿意列出不同人的看法供读者去思考和判断。

在阅读本书的过程中,你会发现有些内容涉及网络技术、计算机原理,有些内容关系到经济学、博弈论甚至哲学,这并不是作者故弄玄虚。因为区块链本身就关系到计算机科学和经济学两大学科,你会发现在很多高校中从事区块链研究的人是来自经济学领域的。为了全面地讨论区块链扩容的话题,本书自然也涉及了很多不同的领域。本书的作者既是区块链行业的观察者,也是从业者,希望通过努力来推动区块链技术的发展。书中部分内容会涉及我们自己开发的区块链技术,在描述这部分内容时,力求准确、全面,所以展示的细节会多一些;在介绍一些相对成熟的概念时,则尽量讲得通俗易懂。书中涉及的人物名称或英文专用词汇,如果是一些大家耳熟能详且有专门的翻译的则使用中文,其他则使用英文,以便读者想深入了解时容易查询。

全书的写作也得到了多位朋友的帮助,其中包括西安交通大学的吴超老师、QuarkChain基金会的刘旭峰先生、盐城的吴凤加先生等,在此表示衷心的感谢。

2000年互联网泡沫破裂,让一批商业模式不成熟的公司被淘汰。风云企业网景公司在1998年被美国在线收购,在2003年被美国在线解散。2007年12月,美国在线表示停止网景浏览器的开发,意味着1994年问世的Netscape正式退出了历史舞台。而另一些经历了互联网泡沫破裂洗礼,成功翻越"纳斯达克5倍山"的公司在之后的20年中逐渐成为行业巨头,并深刻影响着我们今天的衣食住行,比如亚马逊。2000年的泡沫期间,亚马逊的股票超过100美元/股,很快泡沫破裂后跌到每股5.5美元,此后经过近20年的快速成长,现在每股为1813美元。历史总是惊人的相似,但不是简单的重复,我们期待着经历过2018年资本市场洗礼的区块链项目在未来20年也能茁壮成长,获得令人瞩目的成就,最终大放异彩。

杨耀东

目 录
CONTENTS

第1章 价值网络 ·· 1

　　1.1 失控 ·· 1

　　1.2 记账 ·· 8

　　1.3 网络 ·· 15

　　1.4 分布式 ·· 20

　　1.5 三角 ·· 23

第2章 出块与公交车 ·· 28

　　2.1 莱特币的尝试 ·· 28

　　2.2 区块大小之争 ·· 30

　　2.3 比特币现金的扩容 ·· 40

　　2.4 公交车的比喻 ·· 47

第3章 共识 ·· 49

　　3.1 为什么需要共识？ ·· 49

3.2 工作量证明 ·· 52
3.3 权益证明和委托权益证明 ·································· 56
3.4 包含权益的工作量证明 ···································· 67
3.5 哈希算法与抗优化 ·· 78
3.6 拜占庭将军问题 ·· 86

第 4 章 分片 91

4.1 中心化世界的扩容经验 ···································· 92
4.2 区块链中使用分片 ·· 95
4.3 QuarkChain 的状态分割 ·································· 98
4.4 片间共识 ·· 103
4.5 协同挖矿和算力复用技术 ·································· 116
4.6 跨分片交易 ·· 123
4.7 测试结果 ·· 131

第 5 章 链下方案 133

5.1 隔离见证与闪电网络 ······································ 133
5.2 侧链类技术 ·· 140
5.3 案例：Celer 网络 ·· 143

第 6 章 社区扩容和未来 148

6.1 自由灵活的区块链 ·· 148
6.2 社区扩容 ·· 158
6.3 50 年后的世界 ·· 170

后记一 寻找一个最佳的方案 190

后记二 中国区块链发展的新机会 192

第1章
价值网络

1.1 失 控

1. 危机来临

2008年9月15日，美国纽约市第七大道。一个西装笔挺的青年正在安静地收拾着自己的办公桌，黑色墙面上金色的"LEHMAN BROTHERS"招牌在晨曦中显得有些晃眼。青年仔细地把属于自己的物品收入一个纸箱后，抱起箱子离开了。走到门口时，他抬头看了一眼董事长迪克·福尔德的肖像，在心里默念了一句"It is over"。刚走到公司外面的人行道上，三个记者就围了上来，黑色的麦克风差点戳到了他的脸，叽叽喳喳的发问让他觉得有点耳鸣，他一个字都没有听清。青年使劲冲他们摆摆手，拒绝了采访，低头匆匆走开了。

成立于1850年，有着超过150年历史的美国第四大投资银行雷曼兄弟，由于投资失利,无法应对高达 6 130 亿美元的债务,在这一天宣布申请破产保护。图 1.1 为《卫报》记者 Linda Nylind 记录下的雷曼兄弟倒闭的镜头。雷曼的破产也成了 2008 年次贷危机的一个历史符号。接下来的三周时间里,英国巴克莱银行、日本最大的证券公司野村控股、法国电力等机构瓜分了雷曼兄弟在全球的资产。

图 1.1①

雷曼兄弟破产严重打击了市场情绪,引发了 9 月 15 日和 9 月 17 日全球股市暴跌。开头的那一幕,就是 2008 年著名的次贷危机中的一个片段。这次经济危机席卷全球,不仅美国的金融体系蒙受巨额损失,欧洲、亚洲等多个地区的金融机构也受到了不同程度的影响和打击,造成全球金融行业超过 2 500 亿美元的损失。比如说,英国央行在 9 月 14 日就向在美国次贷危机中陷入困境的英国第五大抵押贷款机构、拥有 150 万储户的北岩银行提供了金融援助。

---

① 图片来自 www.theguardian.com 网站的文章 Lehman Brothers: financially and morally bankrupt, https://www.theguardian.com/commentisfree/cifamerica/2011/dec/12/lehman-brothers-bankrupt。

这次危机之所以被叫作次贷危机，是因为本次经济危机产生的源头是美国次级抵押贷款。这是美国房地产抵押贷款中的一种，其贷款对象是信用分数不高的客户。在 20 世纪末美国房价上涨和美联储实行低利率等因素的共同作用下，次级抵押贷款业务很快在美国蓬勃发展起来。次级抵押贷款标的产生后，又通过资产证券化在金融体系内进行不断的衍生，从而深入到了整个系统中。出于盲目地追求利益的目的，次级贷款发放公司以较高的利率为信用水平较低、不足以申请正常贷款的居民发放次级贷款。为了获利，一些放贷方对用户的偿贷能力没有进行认真的评估。这种风险在房价上涨时被掩盖了起来，居民看到自己的资产在不断升值，有意愿交纳高额贷款利息。就是这个高额利息支撑了整个次贷金融衍生品系统的价值来源。一旦房价大幅下降使得抵押物不足以偿还贷款，或是贷款人由于失业等原因停止还贷，原来价值链条中的第一个环节就开始崩溃，此时这些有问题的"次贷产品"就像病毒一样开始在金融体系内不断扩散，侵蚀整个行业。

2. 新尝试

这次危机对国际金融秩序造成了极大的破坏，使金融市场产生了强烈的信贷紧缩。金融危机就是市场失灵的表现，如何纠正危机有不同的说法，比较常见的是当市场这只"看不见的手"失灵时，就得用"看得见的手"——政府宏观调控来进行干预。随着国际金融体系长期积累的系统性风险被暴露，很多人开始重新审视现有的体制，并采取了行动。比如在 2008 年之后，美联储的监管职能得到了很大的扩充，其监管权限从银行控股公司扩展到了非银行控股公司及其附属机构，并新成立了美国金融稳定监管委员会负责对系统性风险进行监管。除了政府挥舞着"看得见的手"进行立法规范和监管之外，民间也行动起来了。2008 年 11 月 1 日，一篇由中本聪署名的白皮书——《比特币：一种点对点的现金支付系统》在密码学讨论组 cryptography@metzdowd.com 中发表（图 1.2 是当时发表白皮书的邮件截图）。这篇白皮书标志着比特币（bitcoin，BTC）的诞生，也正式吹响了基于加密技术构建价值网络来重塑经济系统的号角。

```
Bitcoin P2P e-cash paper
Satoshi Nakamoto | Sat, 01 Nov 2008 16:16:33 -0700
I've been working on a new electronic cash system that's fully
peer-to-peer, with no trusted third party.

The paper is available at:
  http://www.bitcoin.org/bitcoin.pdf

The main properties:
 Double-spending is prevented with a peer-to-peer network.
 No mint or other trusted parties.
 Participants can be anonymous.
 New coins are made from Hashcash style proof-of-work.
 The proof-of-work for new coin generation also powers the
    network to prevent double-spending.

Bitcoin: A Peer-to-Peer Electronic Cash System
```

图 1.2

  为何一项技术可以解决次贷危机呢？我们需要回顾危机发生的根源。如果你对前面的内容看得足够仔细的话，你可能已经知道了答案。那就是"出于盲目地追求利益的目的，次级贷款发放公司以较高的利率为信用水平较低、不足以申请正常贷款的居民发放贷款"。这其实就是一个信任问题，贷款发放公司没有尽到一个中介的责任。如果能通过某种技术手段消除这样的中介方，用更可信的手段来达成交易，或许就能避免这样的危机再次爆发。

  中本聪的尝试是一次金融领域的伟大创新。

  虽然 2007 年第一代 iPhone 发布后，人们已经体会到了新技术（比如移动信息互联网）的巨大威力，但在 2008 年的冬天甚至之后的数年间，绝大多数人还是很难想象比特币会给世界带来如此巨大的变化。更为重要的是，即使经过了 l 年发展，这一新变革也才刚刚开始。

  2009 年 1 月 3 日 18 点 15 分 5 秒，白皮书发表两个月之后，中本聪用个人计算机挖掘到第一个区块，比特币创世区块就诞生了。50 枚比特币作为挖矿奖励被放置到了中本聪的钱包地址当中。而这 50 枚比特币也成为世界上总计2 100万枚比特币中最先诞生的一批。

中本聪在比特币创世区块上留下了一句话——"The Times 03/Jan/2009 Chancellor on brink of second bailout for banks"。这句话的翻译是：《泰晤士报》：2009年1月3日，财政大臣正处于实施第二轮银行紧急援助的边缘。图1.3展示了创世区块中的备注信息，从www.blockchain.com网站（其他比特币区块浏览器也同样适用）可以查到。

图1.3

这不是什么秘密藏宝的地址，这句话其实是2009年1月3日《泰晤士报》当天头版文章的标题（图1.4展示了2009年1月3日《泰晤士报》头版，这份报纸被比特币的支持者当作重要的收藏品进行收藏，一份原版的报刊被炒到了百万美元）。2008年的次贷危机对英国银行业的冲击同样非常巨大，国家数次出手援助（上文已经提到过政府援助过北岩银行）。至于为何在比特币区块中留下这一标记，中本聪并未解释，但可以想象其中透出中本聪对旧的

| 区块链性能提升技术

金融体系的失望。许多比特币用户在对这份报纸的内容以及比特币白皮书进行研究后,认为中本聪这样做的目的是为了传递一个信息:

图 1.4

引发次贷危机的旧的金融系统（包括英国银行业）令人失望，银行家捅的娄子需要普通大众来买单（国家用纳税人的钱救助银行），世界需要新的金融工具来重塑新的经济秩序，那就是比特币。

比特币能担当这一重任吗？让我们拭目以待。

✱✱✱ 扩展阅读 ✱✱✱

寻找中本聪

到目前为止，我们还不知道比特币的发明人中本聪是谁？猜测中本聪的真实身份也成了比特币支持者们喜闻乐见的活动。

猜测一：日本人。

从名字看他就是一个日本人，另外中本聪在论坛发帖时自称是居住在日本的43岁男性。早在2008年8月18日中本聪注册的网站bitcoin.org使用的是在日本注册的服务商并且将服务器搭建在日本的ISP上。

猜测二：英国人。

中本聪在论坛发言中从没有使用过日语，从流利使用英语和阅读《泰晤士报》来看像是英国人。特别是其在bitcointalk的发言中出现过很多英式英语单词，比如blooy hard、colour等。

猜测三：不是一个人，可能是一个团队。

美剧《傲骨贤妻》中提到中本聪是一个三人的团队，其中一个还是中国人。还有人发现中本聪英文拼写：Satoshi Nakamoto 来自 Samsung、Toshiba、Nakamichi、Motorola 四家大公司名字的组合，猜测可能是个由以上公司支持的团队。

还有人猜测中本聪其实是居住在洛杉矶的多利安·中本聪，是Bit Gold

发明人尼克·萨博，或者是日本数学家望月新一等。这些后来都被证明并不是中本聪。也有人开始宣称自己就是中本聪，但并不能出具有说服力的证明。要证明自己是中本聪的方法很简单，只要能用私钥转移创世区块中的比特币就可以。

作为一名密码学专家，中本聪对自己的身份保密工作是非常合格的，实践证明比特币社区在离开了中本聪之后也能持续运转。他的身份至今还是一个谜，其在 P2P FOUNDATION 论坛的注册信息中显示生日是 1975 年 4 月 5 日，据此推算他在开发比特币的时候才 30 多岁。不过这个生日很大概率是假的，只是一个政治隐喻。1933 年 4 月 5 日，美国总统富兰克林·罗斯福签署了 6102 号政府法令，法令规定公民持有黄金是非法的；1975 年，美国总统福特再次签署法令，规定公民持有黄金是合法的。把这两个时间关联在一起，或许只是提醒人们政府对待黄金多变的态度，而当前的比特币多少有些像黄金。

寻找中本聪的活动还在继续……

1.2 记　　账

你或许并不太确定比特币是否能改变世界，但你肯定会同意移动互联网已经改变了世界这一说法。我们身处于信息互联网之中，智能手机的用户都习惯了用微信发送刚刚拍摄的照片，在微博里更新心情和近况，用电子邮件分享文件办公，用美团点外卖。使用信息互联网给别人发送内容的本质是把本地的数据复制一份发送给接收者。比如，小明刚刚用手机拍了一张房间装修的效果图，并用微信发给他夫人询问意见。即使他夫人接收到这张照片，他自己的手机上仍然保存着这张照片的副本。当然，如果文件很大，他也可以使用诸如 BitTorrent[①] 等方式来传输。但无论怎么传，本地的那份文件还在。这个逻辑用于分享数据和信息是合适的，但并不适合传输价值。为了理解这一点，我们把上例的照片换成货币。如果小明想把 100 元钱发送给他的朋友作为过年的红包，使用数据传输的逻辑，他的朋友收到了这 100 元，但小明自己的手机上仍然保存着这 100 元钱（相当于复制了 100 元发送出去），每发送给一个对象只是把钱复制一次发出去，这就乱套了。这哪是转账，这简直就是印钞！有朋友可能会说，不对，我用手机微信给朋友转账 100 元，我自己的余额也减少，并没有发生上面"发家致富"的情况。请注意，微信转账这一过程并不是你和你的微信好友（收款人）之间的点对点传输，微信支付作为中间人在帮你们做账。而实际上你发出的不是钱，只是转账信息（给微信支付发送的转账要求）。该信息在你的手机上、你朋友的手机上，以及你和你朋友在微信中所开的账户里都进行了复制。你和你朋友都依赖微信支付这个记账员，希望它不要记错账。这是以信息传输的方式来解决价值传输的问题，但并不是真正的价值传输。可见，我们所熟悉的这个信息互联网并不是一个点对点的价值传输网络。

为了解决价值传输的问题，很多互联网先驱做了大量的工作，中本聪发明比特币名副其实地是站在了多个技术巨人的肩膀上。1993 年，当艾瑞克·修斯发表了《密码朋克宣言》，提倡使用强加密技术来保护个体的隐私安全时，我们才有幸知晓"密码朋克"这样的组织，才能了解这样一群极客和他们为之奋斗的事业。其实这样的一群人在 1993 年之前就存在，他们一直在探讨各种加密技术及其应用，希望密码技术能保护个人的隐私。在众多努力的方向中，开发出加密货币一直是极客们追求的重要目标，在这样的目标引领下：

- 1990 年大卫·乔姆发明了 Ecash，最早提出了电子现金概念；

[①] BitTorrent，比特流就是中国网民熟悉的 bt 下载。它采用高效的分发系统和点对点技术共享大体积文件，使每个用户像网络重新分配节点那样提供上传服务。

- 1997年亚当·拜克开发出哈希现金算法，之后演变成比特币所使用的工作量证明共识；

- 1998年戴伟（图1.5）提出了分布式的加密货币系统B-money（一种匿名的、分布式的电子加密货币系统，强调点对点的交易和不可更改交易记录。为了纪念他对加密币和区块链做出的贡献，以太坊中最小的单位被命名为Wei）；尼克·萨博发表了去中心化的数字货币系统Bit Gold。

图 1.5①

- 2008年中本聪发明了比特币。

当然，比特币之所以成功还得益于其他多项技术，比如肖恩·范宁与肖恩·帕克开发的点对点网络，我们熟悉的迅雷下载就是基于这种技术的。

比特币构建价值传输网络的做法是让网络的参与方都参与记账，记录的

---

① 图片引自链闻发表的比特币先驱人物志：戴伟，https://www.sohu.com/a/218196892_100105055。

不只是自己的账，而是全网所有人的账。回到上面的例子，小明使用比特币网络发送 100 元钱给朋友小杨，小明自己的账本会记录自己减少 100 元，小杨增加 100 元；小杨的账本上也记录了同样的信息，甚至与他们素未相识的老王、小张都会记录这笔交易。这样小明就无法"复制"同样的 100 元再发送给别人了，因为一旦他篡改了自己的账本再次发送这 100 元钱时，接收方小张查询自己的账本（其实也是全网统一的账本）就会发现小明已经没有足够的余额来发送 100 元给自己了。

后来，人们开始意识到比特币背后是一套被称为区块链的技术，而比特币只是这一技术的一个应用。一条条交易信息组成了区块，而区块之间使用不可篡改的算法通过哈希值形成了强关联，叫作链。区块链技术弥补了原来信息互联网无法传递价值的问题，完美地提供了一个价值传输网络的点对点解决方案。由于区块链可以直接在发出方和接收方之间完成价值传输，大大改变了原来需要第三方（通常是银行或是上文提到的微信支付）参与才能实现价值转移的陈旧方式，有人称之为信任机器（如图 1.6 所示，《经济学人》杂志 2015 年 11 月发表封面文章称区块链技术是信任机器）。这一信任机器当然也不局限于传递货币，其他有价值的东西，比如文学作品版权、学历证书、个人身份证明、不动产产权等都可以通过这一网络进行传输和交换。

区块链网络是如何做到公平公正呢？讨论之前，让我们先来玩个游戏。

小杨和小明准备玩一个游戏。小杨手里有一块橡皮，让小明猜橡皮是在哪只手里。小明每猜一次要给小杨 50 元的游戏费，如果小明猜对了，小杨要给小明 100 元的奖励；如果猜错了，则没有任何奖励。在一个公平的游戏环境中，小明获胜的概率是 50%。规则看起来很公平，多次游戏之后小明亏钱的概率接近于 0。但小明在参与游戏之前心里还是会犯嘀咕：自己猜对了小杨不认账怎么办？或者小杨作弊，两只手里都没有橡皮，但每次都只展示一只空手（声称另一只手里有橡皮）来证明小明输了怎么办？或者直接收了小明的钱就跑路了怎么办？或者……为了打消小明的顾虑，小杨请来了老王当裁判,并把自己用来发奖金的钱存放在老王处。由于小明对老王很熟悉,认可老王的人品,所以相信这个游戏是公正的,游戏(交易)得以开始。

图 1.6

于是中间人成为小杨和小明是否能达成交易的关键。但要当好中间人还需要建立一些重要机制。比如确保小杨不能通过贿赂老王使得小明处于游戏中的不利地位;中间人能有较多的时间来见证交易;中间人不能大大提升交易成本(比如老王突然要求收取中间人劳务费每次 50 元)等。长期以来,中间人在交易中扮演着非常重要的作用,也得到了市场的认可。2006 年出现的支付宝就是因为扮演好了"老王"的角色,部分解决了淘宝网中远程交易双方的信任问题，让中国的电子商务得到了蓬勃发展。今天，支付宝自身已经是估值超过1 000亿美金的项目，可见中间人在商业活动中的重要地位。

因为不用第三方参与就可以实现价值传输，所以区块链网络中没有特定的中间人，区块链也就成了信任机器。请注意，我们这里说的是"没有特定的中间人"，而不是"没有中间人"。实际上区块链引入了多个"中间人"，甚至让全网的参与者都来见证这笔交易，扮演中间人的角色，因为这个中间人实际上是所有人，也就没有了中间人的概念。

随着区块链引起人们越来越多的关注，信任机器这个词在某些场合下有被误用的嫌疑。在很多夸大其词的宣传中，区块链似乎具有某种魔力，可以应用于一切需要建立信任的场景中，解决任何问题。这样的宣传显然是夸大其词的。虽然科技的潜力难以估量，但在现阶段把区块链认为是一种无所不能的信任工具则为时尚早。如果你了解当前的公链项目，你会发现在这个信任机器发挥功能之前，是需要一些基础信任的。对于大多数不会编程的普通用户来说，基础信任就是相信区块链项目开发团队能够贯彻其白皮书所声称的主张，无漏洞地实现相应功能。代码开源降低了建立基础信任的难度，虽然用户本身不懂代码，但他可以委托懂代码的朋友去帮他查看，或是阅读其他人写的代码评论文章（还是需要信任人）。最终在这个过程中，你至少还是要信任代码，这就是基础信任。

除了担任见证人解决信任问题之外，传统交易中的中间人还肩负着仲裁的角色。一旦交易的双方出现无法和解的争议时，中间人需要解决争端。目前的区块链网络还无法解决复杂的争端，但一些项目正在使用智能合约技术来完成仲裁的任务。在订立交易计划时就考虑各种可能的后果，交易双方就这些后果的解决方案达成一致，写成程序合约就可以按照约定的情况自动执行。但如果争议点已经超出了合约规定的范围，那么还是需要借助人为干预。就如同普通的民事合同中通常会约定："凡因本协议引起的或与本协议有关的任何争议，由双方友好协商解决。协商不成时，双方均有权向有管辖权的人民法院提起诉讼。"某些情况下，中间人还是不可取代的。

✳✳✳ 扩展阅读 ✳✳✳

记账是货币的起源吗？

关于货币起源的讨论自古就有。司马迁在《史记·太史公自序》中说："维币之行，以通农商。"他认为货币是用来进行商品交换的手段，是自然产生的。

"自然产生"论中，最为常见的说法是来源于物物交换。交换刚刚开始时，货币只是多种用来被交换的物品之一，并无什么特别。而另外有一种说法，认为货币来源于信用。我们举一个例子来理解这其中的不同。

小杜在海边捕鱼为生，老周在山上摘野果度日。老周想用野果换小杜的鱼，但小杜不想换。为了处理这样尴尬的局面，老周不得不寻找一种双方都能接受的物品来进行交换，于是这个"物品"就成了最早期的货币。在历史上，粮食、盐、贝壳、宝石、白银等物品都充当过货币的角色。但你不觉得老周要找到一种双方都能接受的物品太难了吗？

还有另外一种说法。当小杜不想要老周的野果而老周想要小杜的鱼时，老周向小杜进行赊账。为了记录这一赊账行为，老周给予小杜一个记账信物，这可能是贝壳，也可能是某种特殊形状的石块，于是交易得以迅速达成。而支撑小杜完成这笔交易的本质还是老周的信用，认为凭借这个信物，老周会兑现其承诺。原始的货币，就是账本的初级形态。

图1.7是一张保存在埃及（开罗）博物馆中距今4 500多年的纸莎草，记录了发放给工人的食物份数，被认为是一种早期账本。

第 1 章 | 价值网络

图 1.7①

而到了现代社会，账本其实在许多地方发挥着重要作用。除了人们所熟悉的现金往来账之外，房产证、土地证实际上也是一种账本，确认了所有权；公司的账本则记录着股东的权益以及雇佣关系；公民身份也是一个账本，记录着可以享受的权利。如果你能更加深刻地理解账本，就会对区块链潜在的应用场景有无限的遐想，因为区块链就是全世界的人共同维护的一本账本。

1.3 网　　络

价值网络的另一个关键属性就是网络本身。你可不要小看"网络"这个有魔力的词汇，网络效应在我们身边随处可见，有着巨大的效用。两部电话

---

① 图片引用自 www.history.com 网站的文章：Egypt's Oldest Papyri Detail Great Pyramid Construction，更多介绍请参考 https://www.history.com/news/egypts-oldest-papyri-detail-great-pyramid-construction。

机之间只有 1 个连接，5 部电话机则可以建立 10 种连接。参与者越多，网络中形成的关系越强，网络的价值也越大。

网络效应一个典型的例子就是城市中的花鸟市场和建材市场。对于要开店的商贩来说，一般可以有两种选择：①把店开到居民区并远离对手，较早地在自己的小区域中成为独家供应商（某种形式的垄断）；②入驻一个大型的市场，和竞争对手待在一起，形成平台效应。和星罗棋布的分布在住宅小区门口的便利店不同的是，那些贩卖非日常用品的小贩更愿意聚集在一起，形成专门的花鸟市场、体育用品市场和建材市场。因为普通用户购买花木的频次很低，而花木的种类很多，一旦有需求也会前往门类最全、选择最多的市场。对于这些买家来说，距离不是首要考虑的因素，能否完成交易，买到想要的物品才是关键。聚集在一起的商家互相补全了商品类别、档次和式样，于是"城西花鸟市场货物全"的名声打响了。之后，越来越多客户的到来又吸引了更多的商家，在城西花鸟市场形成网络效应的正反馈。

在移动互联网时代，网络效应的魅力是惊人的。市场头部商家凭借网络效应可以占据绝大部分市场，从而轻松获利。据艾媒咨询发布的《2017—2018 中国网约专车行业市场研究报告》显示，在网约车活跃用户量分布上，头部企业滴滴占比 63%，其余几家平台均未超过 10%；根据易观发布 2018 年中国移动支付数据来看，支付宝达到 53.7%，微信支付达到 38.8%，二者合计超过了 92%；在外卖市场方面，根据 DCCI 在 2018 年发布的《中国网民网络外卖服务使用状况调查》显示，美团外卖占据中国外卖市场 59.1%，第二名饿了么只有 29.1%。在这样的市场占有率下，2018 年上半年美团餐饮外卖收入 160 亿元，同比增长 90.9%；毛利 19 亿元，同比增长 141.5%。对于那些早就建立好网络并形成网络效应的公司，可以躺在"功劳簿"上收钱，比如 paypal。

但要形成规模网络，发挥网络效应其实不是那么容易的。在网络的形成期，网络的投资成本大于网络的价值，网络中的服务体验很差，达成交易的成本很高，网络的参与者都是痛苦的（图 1.8 显示早期网络价值小于开支，根据梅特卡夫定律可见，网络的价值和参与者的平方成正比）。为了帮助网络快速形成，达到关键用户数，网络的建设者通常采用大量资金补贴的方式迅速积累用户。这也解释了几年前为什么滴滴打车、美团外卖等企业在前期愿意投入上亿的资金用于补贴用户。对于他们来说，这部分让用户下载 App 成为注册用户，鼓励用户使用 App 的费用就是网络建设费。补贴也可以理解为对最早期网络中参与者不足导致使用体验差的赔偿。一旦活跃用户数突破关键规模，网络效应开始形成之后就可以不再补贴了。这个阶段，凭借网络效应自身的作用，就会持续推动网络快速成长。当然网络效应并不会使得一个系统无限增长下去，当达到相当的占有率时，增长就会停滞。另外，网络效应带来的增长也并不总是给我们提供更好的体验，堵车就是例子。

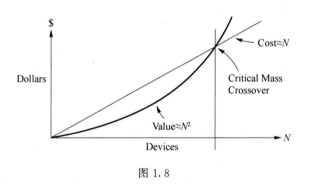

图 1.8

对于互联网领域的创业者，他们非常熟悉这个逻辑：能占据市场空白的产品→补贴获取用户→根据用户数据融资→补贴以获取更多用户从而占领市场→网络效应形成→盈利。

那在价值网络里是不是也存在早期建设成本高于网络价值的情况呢？比特币没有补贴用户又是如何达到关键规模的呢？回顾比特币价值网络的形成过程或许能给我们一些不一样的发现。2009 年比特币刚刚诞生时，参与挖矿的主要是技术极客，他们贡献出自己的设备组建了比特币网络。为了激励他们开机，比特币网络通过每个区块分发 50 枚比特币作为矿工工资。虽然在当时看来 50 枚比特币并不能补偿电力的开销，但早期的支持者出于兴趣、理想以及对比特币理念的认同，或对比特币长期看多的预期，使得这个网络开始形成。当有些人手里有了比特币之后，他们就开始想要交换了。

2010年5月18日，居住在美国佛罗里达州的程序员Laszlo Hanyecz突发奇想，在bitcointalk.org论坛发帖说想用10 000个比特币买2个比萨。两天后，一个叫Jercos的程序员与他达成交易。这笔交易为比特币提供了最早期的价值依据：一枚比特币的价格为0.003美元。之后，2010年11月，在当时比特币最大的交易所Mt.Gox上，比特币的价格达到了0.5美元。2011年2月，当比特币价格达到了1美元时，美国《时代周刊》和《福布斯》杂志都相继报道了比特币。媒体的曝光引来了大量的关注，比特币价格在2011年6月迅速涨到31.9美元。但好景不长，很快比特币价格暴跌到10美元，之后甚至下跌到2美元。转机发生在2012年12月，随着首家得到官方认可的比特币交易所——法国比特币中央交易所诞生，比特币价格开始回升。之后，由于2013年塞浦路斯爆发债务危机，政府冻结了银行转账交易。民众对传统的银行体系的不信任使得比特币成为欧洲避险资金的避风港。大量资金的涌入使得比特币价格迅速上涨到260美元。在一年的涨跌中，比特币价格在2013年12月达到1 147美元，首次超过了一盎司黄金的价格。在之后的两年中，比特币价格回落并在400~800美元之间震荡。直到2016年，受到比特币产量减半（根据最初的设计，比特币大概每四年产量减半）以及英国脱欧等因素的影响，比特币价格开始上涨。特别是在2017年出现了首次代币公开销售（ICO），大量的新项目接受比特币作为融资标的，比特币价格暴涨并在2017年12月超过了2万美元。之后开始下跌，目前（2019年10月）在4 000美元左右震荡。

由于最早的比特币是没有价格的，参与挖矿的人数不多，使用普通的设备也可以挖掘到大量的比特币。可以说，正是这些人对新事物的兴趣使得比特币网络得以冷启动。之后，比特币的经济学设计发挥了作用（加密经济学有关的话题将在后文进行详细论述）。一开始，比特币网络给矿工挖出一个区块的奖励是 50 枚比特币。但这个奖励不是一成不变的，中本聪在比特币系统中设置了每过 21 000 个区块，区块奖励减半的规定。在大概 2012 年的时候，根据这一设计，区块奖励变成了 25 枚。按此规律我们可以预见，经过 33 次减半后（大概是 2114 年），每个区块产生的比特币数量将从 0.002 1 变为 0，累加起来总共会产生 20 999 999.976 9 枚比特币。

我们还可以根据以下公式来计算。假设区块链网络在不同的世代提供不同的出块奖励（如比特币每个世代约为 4 年），第一个世代的出块奖励总额为 r，之后每一个世代的出块奖励按系数 q 减少。因此，总供应量 S 是：

$$S = r + rq + rq^2 + \cdots = r\sum_{i=0}^{\infty} q^i = \frac{r}{1-q} \tag{1.1}$$

比特币每 21 万个区块出块奖励减半，初始每个区块奖励 50 个币。因此，$r=10\ 500\ 000$，$q=0.5$，根据公式（1.1）也算出总供应量 $S=21\ 000\ 000$。这个公式可以帮助我们快速地计算其他拥有类似奖励模型的代币总供应量。

如果你还记得上文提到的比特币价格上涨的时间段，对照过去比特币区块奖励减半的时间点，你会发现产量减半对价格的上涨有明确的促进作用。当比特币的交易出现并形成明确的价格时，为了获利的矿工开始入场。大量矿工的入场使得挖掘比特币的难度提高→产生比特币的成本开始提升→矿工提高售价以平复成本→交易价格提高，吸引更多人的参与（如图 1.9 所示，比特币中的正反馈过程帮助网络形成，并顺利度过网络早期的困难时光），比特币价值网络建成，而这一逻辑也是比特币完成冷启动的"魔法"。

图 1.9

由此可见，造就今日比特币的并不全是加密技术，其通缩性质的发币模型、可调的挖矿难度、简单清晰的业务逻辑都是重要因素，多种因素的合力塑造了比特币价值网络。

1.4 分布式

当区块链这一概念不再局限于比特币时，人们迎来了更为广阔的世界。以太坊在区块链中增加了图灵完备的虚拟机，因此可以执行智能合约。这一举动大大拓展了区块链的使用范围，一个新的概念：可编程货币诞生。因此以太坊也被认为是区块链2.0的代表。

可编程货币还催生出了新的人类协作方式：DAO，distributed autonomous organization，分布式自治组织。在这之前有两种伟大的协作方式一直有效地组织着人类的集体劳动，它们作为生产关系中的重要元素促进着生产力的快速发展，这就是：企业和市场。市场一直通过"看不见的手"调配生产资料使其配置在最优的位置，并不断地检阅市场参与者的成绩进行更替。勤劳、诚信、会经营的商家将得到利润增加的奖励，而不合格的市场参与者将被无情地淘汰，这样循环往复的进程使得市场不断进化。而企业则使用不同于市场上优胜劣汰的方式来组织人们的协作。一个明显的例证就是如果使用单一的利润作为评价指标，企业里的人力资源部由于并不直接创造利润，从单一角度来看应该被淘汰；而采用"企业"（或"组织"）作为协作方式，则十分需要人力资源部。因为这个部门和其他部门一起合作为公司创造出利润，使公司在市场上生存下来。

1937年，英国经济学家斯科在其著作《企业的本质》中谈到了企业对经济发展的重要贡献，并提出了交易成本的概念。借助这个概念，我们可以解释为什么企业的某些行为并不能简单地用市场的供需法则来衡量，但企业自身却能因为这些行为得到蓬勃发展。其中的关键就是企业作为整体正在不断地降低交易成本。

当人类开始有交易时，交易成本就一直存在。小杨想用三个桃子去换老杜的一条鱼，这看似简单的交易中成本有很多。首先就是交通成本，小杨住在山上，而老杜在河边；其次是讨价还价的成本；还有信任成本，比如小杨担心老杜收了桃子之后不给鱼等，这些成本最终都会附加到交易物上。由于交易成本永远存在，也就意味着小杨不可能通过交易"原价"买到一条鱼。商业的进化逻辑就是不断降低交易成本，而社会中的财富增长除了生产力发展之外，从更细分的角度来说，是由于不断降低交易成本来驱动的。货币的出现使得交易中有了一般等价物，从而降低了寻找交易对手的成本；市场管理者的出现降低了信任成本；网购的出现降低了交通成本；广告的出现降低了信息获取的成本。如果有一天企业和市场的自身进化已经不能快速降低交易成本，人们就会需要另一种组织方式。

DAO 的出现使得个体间无须一个中心就可以构建相对稳定的广义交易关系。DAO 的参与者之间由一套基于代码的智能合约来连接并管理，他们的关系也可以叫作合约关系。人类实际上对合约关系很熟悉：结婚时由民政局颁发结婚证确定夫妻之间的合约关系；去健身房报名半年的瑜伽课程要签一个合同确定授课次数；买一套新房需要和开发商签订购房合同。但这些我们熟知的合约关系都是需要一个中心化的组织或者机构（比如民政局、法院、工商局等）来保证合约的执行和约束力。那么人和人之间能不能形成自治的组织呢？有的，比如 4 个朋友经常约了打麻将，或是七八个驴友邀约去旅游。不过这样的自治组织一般很难扩大，在缺乏领导（即没有中心）的情况下很难完成艰巨的任务。

那么区块链作为信任机器在这个过程中能发挥作用吗？使用智能合约，把一个组织的核心规则写在不可篡改的合约里，代码即法律，公开、透明、平等、自由地让愿意遵守合约的人参与到一个组织中，这就是 DAO。DAO 的早期组织形式是只要持有某个 DAO 发行的代币 A 就是 DAO 的成员。成员可以通过获得代币 A 加入 DAO，通过交易代币 A 而转移其原来所有的 DAO 的权益，DAO 的一切权利和义务都通过代币 A 来体现。比如，某个 DAO 要从三个项目中选一个来投资,成员将用代币 A 投票选出投资对象,投资收益会按比例发送到持有代币 A 的地址上。甚至亏损了 DAO 也可以通过智能合约生成新的(无主)代币 A,售卖这些新生成的代币 A 获得资金来弥补亏损,而原先的持有者因为代币 A 总量的增加,资产被间接稀释。

DAO 和企业相比有两个明显的好处。

(1)快速膨胀不会急剧增加成本。大型企业,特别是跨国的超大企业,随着自身规模的扩大,其办公成本也在快速增加,但 DAO 的结构(去中心化)使其天生具有规模可以快速增加,且管理成本不会迅速上升的特点。

(2)难以被彻底消灭。由于没有中心,也就不像一条鱼一样被击中头部就会毙命。DAO 更像是海星(图 1.10 所示为海星,即使腕足从身体脱离也能再生。海星有储备细胞,需要时各种器官可以被再次培养出来。分布式社区从复原能力的角度来看可以称为"海星组织"),有极强的再生能力。

图 1.10①

---

① 图片来自网站 Northwest Yachting 的文章 What Does The Starfish Decline Mean? https://www.nwyachting.com/2014/06/what-does-the-starfish-decline-mean/。

区块链公链项目 DASH 在 2017 年 12 月启动了 DAO 的组织构架。DASH 的 DAO 被给予了很大的权利，其中包括决定是否给开发团队划拨资金。

1.5 三　角

随着比特币被越来越多的人接受和使用，其自身网络的吞吐问题开始凸显，等待被处理的交易开始积压。为了使自己的交易被及时处理，发送者不得不提高手续费（gas fee，类似于拍卖）。一笔交易记录显示在 2017 年 5 月 16 日，某人发送出当时价值 43 美元的比特币，支付了价值 33 美元的比特币作为手续费，收款人只得到 10 美元的比特币（图 1.11 所示为一笔在 2017 年的比特币转账记录，显示手续费很高，Fees＝0.019 BTC）。其他公链项目，包括运行智能合约的以太坊，也面临着类似棘手的扩容需求，一旦网络拥堵以太坊中的手续费也会暴涨。

Summary		Inputs and Outputs	
Size	3908 (bytes)	Total Input	0.02582322 BTC
Received Time	2017-05-16 23:33:12	Total Output	0.0063465 BTC
Included in Blocks	466737 (2017-05-16 23:34:02 + 1 minutes)	Fees	0.01947672 BTC
Confirmations	53 Confirmations	Fee per byte	498.381 sat/B
Relayed by IP	136.243.13.76 (whois)	Estimated BTC Transacted	0.00630387 BTC
Visualize	View Tree Chart	Scripts	Hide scripts & coinbase

图 1.11

性能提升（或者叫作扩容）成为备受关注的问题。不过有些人认为区块链网络扩容中存在一个"不可能三角"（如图 1.12 所示），要想实现各方面都能兼顾的扩容几乎不可能。这个"不可能三角"是指一个公链的可扩展性、去中心化、安全性三个目标不能同时被满足。

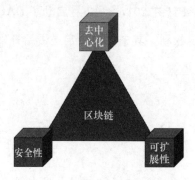

图 1.12

在货币体系中也有一个被人们熟知的"不可能三角":蒙代尔不可能三角。其主要内容是指一个国家无法同时实现货币政策的独立性、汇率稳定性与资本的自由流通这三个目标。换句话说,在开放经济条件下,本国货币政策的独立性、固定汇率和资本的自由进出不能同时满足,最多只能同时满足两个目标,而放弃另一个目标来实现调控国家经济的目的。经济学中类似的"不可能三角"其实很多。那为什么区块链扩容会有"不可能三角"呢?为什么不能同时达成可扩展性、去中心化、安全性这三个目标呢?让我们做个简单的分析。

1. 只追求"安全"和"去中心化"

这其中最为熟知的例子就是比特币。比特币到现在已经安全地运转超过10年了,其安全性是经过长期检验的。它的设计中,每个节点都要下载和存储所有的数据,两个诚实的节点没有什么不同。如果绝大部分的节点被摧毁,只要有少数节点生存下来就可以复原整个网络(让我们又想起了海星,比特币网络可以考虑叫作海星网)。这样的数据备份要求使得网络可以实现信任和自治,但也带来了很多问题,特别是扩容困难。因为同样的数据要被复制几千份,并在全球多个地区存储、实时同步,肯定没有只保存 1~2 份来得容易。

2. 只追求"可扩展性"和"安全"

那安全性是否可以由中心化的系统来实现呢？答案显然是可以的。我们身边就有很多这样的系统，它们本身就具有高吞吐性能且可以根据需求不断扩容（即拥有可扩展性），如支付宝系统。这里有一则 2014 年 11 月《青年时报》关于支付宝扩容的报道，可见中心化的系统也是在不断扩容以满足业务需要的，而且支付宝系统经过多年的运行看起来也很安全。

*** 以下内容引用自该期《青年时报》（杭州网转发）[①] ***

在双十一当天，辛辛苦苦选好宝贝，下完单，最后却卡在支付环节，这样心塞的事情，想必去年疯狂购物的小伙伴们深有体会，不过今年，这种状况将得到很大改善。

据蚂蚁金融服务集团首席技术官程立透露，为迎接今年的双十一，银行系统的承载能力已经达到去年的两倍以上，用户将迎来史上支付最为顺畅的双十一。目前，绝大部分银行都已经顺利完成扩容后的压力测试，加上余额宝、天猫宝等支付宝主站特有的支付渠道，支付宝今年可支持的系统峰值预计达到每秒 3 万笔，是去年双十一零点系统峰值每秒 1.5 万笔的两倍。

据了解，为了保障双十一期间支付顺畅，银行通常会提前数月，进行技术评估和系统升级，并在 10 月份，与支付宝进行服务器压力测试和性能调优。

*** 引用结束 ***

但中心化的组织在维护安全性上往往需要大量的投入，另外单一个体权力过大也给了滋生内部腐败作恶的机会。2012 年 1 月 8 日至 2017 年 1 月 25

[①] 《青年时报》文章：支付宝扩充双倍容量，http://hznews.hangzhou.com.cn/jingji/content/2014-11/10/content_5520161.htm。

日,中国工商银行固原支行代发工资操作员王军利用职务便利,在他人名下办理工商银行卡,将代发客户资金向该卡转入154笔,共计3 113 781元,从该卡提取现金用于自己家庭花费及挥霍。不法行为持续5年之久,直到在该行代发工资的客户银监分局工作人员的工资未按时发放,银监局向工行反映,才使王军贪污事实败露。可见中心化系统的安全最终还要落实到人身上,不可避免地把技术问题变成了信任问题。用户能否信任这个机构?机构能否信任自己的员工?

3. 公平和效率

区块链扩容问题的"不可能三角"还可以归结为"效率和公平"之争。在20世纪80年代掀起的深圳特区建设热潮中,"效率优先,兼顾公平"的口号令人印象深刻(图1.13展示了当时人们对效率的认识)。而多年以后在党的十九大上,习近平总书记说中国当前的主要矛盾已经改变,转化为"人民日益增长的美好生活需要和不平衡不充分的发展之间的矛盾"。可见,在国家建设的不同时期对于效率和公平有着不同的追求,而区块链在不同的发展阶段也应该有不同的侧重点。

图 1.13

为了解决信任问题，需要让交易双方都处于对等地位，维护好网络的公平性。每个参与者都要持有全网的账本，这样就没有了专属的第三方，实现了平等。但这样的平等注定要损失一些效率，因为每个用户需要帮很多与自己没有任何关系的用户记账，每一笔交易记录要被复制上千次，做多个备份。正是因为这样，区块链扩容问题变得尤为重要，区块链性能提升技术对整个区块链产业大规模的发展也极为关键。而扩容的目标不是简单的要追求效率还是要追求去中心化的二元选择，好的扩容方法应该根据应用场景，在去中心化和高性能之间达到合理的平衡。

那么目前有哪些区块链扩容的思路和手段呢？我们可以把这些方案分为垂直扩容和水平扩容。垂直扩容方案包括扩大区块大小，使用更高效的共识机制等；水平扩容则主要是分片方案。在后续的章节中，我们会详细介绍这两大类扩容路线中的代表性方案。

第 2 章
出块与公交车

要提升比特币网络的吞吐能力,最直接的方法就是修改比特币的出块参数。好比想办法让一辆公交车多坐些人,或是增加发车频次。

2.1 莱特币的尝试

早在 2011 年 11 月,毕业于麻省理工学院的原谷歌程序员李启威(图 2.1)就想到过修改比特币"公交车的发车频次",推出了"更快"的比特币:莱特币(LTC)。他调整了出块时间,为 2.5 分钟,15 分钟就可以完成 6 次确认。由于这一参数只是比特币的 1/4,为了避免被更快地挖完,他相应地又增加了币的总供给量(是比特币的 4 倍)。这一改进使得莱特币具有更高的交易处理能力,为 56 TPS,数倍高于 BTC 的 7 TPS。

图 2.1

很多人觉得莱特币的技术创新不足,只是改了一些参数就生成一个币。按这个逻辑某人明天可以把参数改成 1 分钟出一个块,制造一个更快的"去特币"。显然事情并没有这么简单。不是所有改动参数的比特币都能发行成功,李启威自己开发的第一个币 Fairbrix 就由于遭到 51% 攻击而失败。而第二次尝试,他成功了。诞生于 2011 年的莱特币能穿越多个熊市,目前仍然排名在加密数字货币(后文简称加密币)数据网站 coinmarketcap.com 流通市值前十之中,还是有其过人之处的。其优势如下。

(1) 成功的定位。有人说莱特币最为成功的是在人们心中植入了"比特金,莱特银"的概念。确实如此,这一和人们生活中熟悉的金银建立关联的类比,快速地把莱特币和比特币建立了某种关系。莱特币这种避免和比特币直接竞争却相互绑定的定位为其自身的发展谋得了宝贵的生存空间。

(2) Scrypt 挖矿算法(挖矿和矿工的概念在后文会有专门的论述)。其采用的 Scrypt 算法需要大量的内存支持,使得挖掘莱特币更依赖 CPU 和内存,从而在 ASIC(专用集成电路)设备横行的加密币矿业中降低了硬件门槛,使得普通用户容易参与到莱特币的挖矿中。

(3)勇于尝试。莱特币在2016年7月宣布了"莱特币官方2016年开发路线图",发布了具有"隔离见证""闪电网络""智能合约"等功能的新版路线图;在2019年1月,李启威又在Twitter上发言,要把保密交易隐私技术整合到莱特币协议中,增强莱特币的可互换性。莱特币积极地迎接创新,主动成为比特币的试验田,这也为比特币的发展做出了贡献(考虑到代码的相似性,在莱特币上的实践对于比特币的开发更具参考价值)。

另外还有一个重要意义可能被人们忽视了。莱特币在2011年就已出现,并"大胆"地修改了比特币参数,其自身多年的稳定运行证明了这种对比特币进行改造的尝试是可行的,其创新的劲头促成了之后加密币市场大量新型币种的出现。

2.2 区块大小之争

我们前面提到过,比特币网络交易处理能力是 7 TPS。这个参数是这样计算出来的,首先,比特币网络通过控制算法难度使得平均每10分钟生成一个区块,即600秒出一个块。其次,规定一个块的大小上限为 1 MB,这样一个区块中大概可以容纳 4 100 笔交易(根据目前常见的交易大小数据,我们假设交易的平均大小为 250 B)。通过 $4\,100/600=6.8$,可以算出大约每秒处理 7 笔交易。由此可见,增大出块频率或是调整区块大小可以显著地提升比特币网络的交易处理能力。只要把一个区块大小提升 10 倍(达到 10 MB),理论上讲比特币的交易处理能力可以到 70 TPS。从另一个角度看,莱特币的那种加快出块时间的方案也起到了类似于扩大区块大小的效果。当然为了提升 TPS,区块大小还可以继续提高,但并不能无限制地提高,因为过大的区块使得有能力保存这么多数据的计算设备变得很昂贵,进而使得只有少部分人有能力购买机器并参与到去中心化网络中来,这样的网络就丧失了去中心化的重要特质。

那么究竟多大的区块是合适的呢？

其实比特币刚刚发明的时候区块大小的上限是 32 MB（按此数据计算，当时网络的性能约为 220 TPS）。由于初期用户较少，发生的交易也很少，被打包的区块大小仅为 1~2 KB，过大的区块上限导致 CPU 的计算负担过大（当时挖矿过程主要是由 CPU 做哈希计算完成的），特别是当出现网络 DDOS 攻击时，会消耗大量的计算资源。为了避免计算资源的浪费和提高安全性，中本聪把区块的大小上限设置为 1 MB，这一上限已经是常见的区块大小的 700 多倍，当时看来是有足够的余量的。同时中本聪也表示过，这个上限值可以随着用户的增多进行相应的调整。

2013 年比特币价格开始飙升，其影响力也越来越大，用户体量开始迅速增加，比特币网络容量有限，交易拥堵的问题开始出现，关于扩容的呼声开始在社区里响起。2015 年，比特币社区有人提出把区块大小上限扩大到 20 MB，但此方案遭到了中国矿工的反对。因为当时国内（以及其他一些发展中国家）的网速赶不上发达国家，大区块配上慢的网络会使中国的矿工挖到孤块的概率提升，造成损失。由于中国矿工在挖矿市场的重要地位，此方案流产。

2015 年年底，开发者加文·安德森提出了解决 1 MB 区块容量过小的 Bitcoin XT 扩容方案，计划把区块大小上限设置为 8 MB，之后随着时间变化线性增加区块大小上限。这一提案虽然比 20 MB 的扩容方案"缓和"一些，但仍然会产生上面提到的问题，中国的网络状况并不能很好地处理 8 MB 的区块，于是还是遭到了中国矿工的反对。为了测试中国网络的实际状况，2016 年比特币开发者 Jonathan 来到中国实地测量了中国的网络性能，为后面的扩容方法提供依据。他的实测结论表明，8 MB 的扩容方案确实不利于区块在中国网络中传播，于是他把加文·安德森的 Bitcoin XT 方案修改为上限 2 MB 以适应中国的网络环境，他的方案命名为 Bitcoin Classic。

但此方案受到了比特币核心开发团队 Bitcoin Core 的反对。他们主张不改变目前的区块大小 1 MB 的上限,而采用隔离见证和闪电网络的路子来解决拥堵问题。比特币社区为了扩容开始出现了两种不同的思路:①把区块链大小上限扩大为 2 MB 的 Bitcoin Classic 方案;②维持 1 MB 上限,采用隔离见证和闪电网络的 Bitcoin Core 团队方案,该方案又叫 SegWit 方案。SegWit 取自 Segregated Witness,隔离见证的缩写(因为此技术和本章的扩容方案不是同一个类别,在本章中不做过多介绍,关于隔离见证详细的内容会在后文中进行讨论)。

为了谋求共识,比特币社区的主要参与者 2016 年 2 月在香港召开会议,会上 Bitcoin Core 团队的部分成员和 Bitcoin Classic 方案的拥护者(主要是中国的大矿主)达成了相互妥协的共识:中国矿工放弃 Bitcoin Classic 方案,支持 Bitcoin Core 团队的 SegWit 方案;而 Bitcoin Core 团队在实施了 SegWit 升级后会把区块大小上限升级为 2 MB。比特币社区称之为"香港共识",而将调整区块大小的隔离见证方案简称为 SegWit2x。

可惜的是 Bitcoin Core 团队参加香港会议的几位开发者把方案带回去之后遭到了团队其他人员的反对,Bitcoin Core 团队拒绝执行"香港共识",不愿意把区块大小改为 2 MB。开了一次没有效果的会议之后,中国矿工开始寻找其他的方案,比如更为激进的 Bitcoin Unlimited 方案,该方案提出不给单一区块设定上限。

从"香港共识"没有被执行开始,比特币社区实际上已经开始分裂了。不同的观念背后除了有对"比特币究竟是什么?"的不同认知以外,也有各自所代表的组织的不同利益诉求。一方面,作为矿工,除了产生区块获得的奖励之外,还有一部分收益来自为交易打包所收取的每笔交易的手续费。为了收取更多的手续费,矿工当然希望所有的交易都发生在链上,这样才能产生手续费。而采用闪电网络为交易搭建了链下的交易通道,大量交易就可以从这个通道"溜走逃费"。而另一方面 Bitcoin Core 团队有的成员属于

Blockstream 公司，该公司在区块链侧链技术方面有专利储备，Bitcoin Core 团队支持隔离见证这种链下解决方案的举动，让人不禁怀疑是不是有为 Blockstream 公司利益考虑的小心思。当然也需要认识到，Bitcoin Core 团队不想区块大小提高过快，也有前文提到的担心过大的区块限制了比特币网络去中心化的特性。

"香港共识"破裂以后，部分开发者和矿工们在纽约召开了把 Bitcoin Core 团队排除在外的会议，达成了"纽约共识"。本次会议准备继续执行类似"香港共识"的方案，即 SegWit2x 升级。但这样单方面的行动当然会引发 Bitcoin Core 团队及其支持者的不满。由 Bitcoin Core 团队开发的含有 SegWit 升级的客户端在 2016 年就开始被部分用户下载使用，但由于一直得不到矿工的支持而无法全面激活 SegWit 升级，使得比特币的扩容之路陷入了僵局。为了打破僵局，2017 年 3 月一名支持 Bitcoin Core 团队的匿名社区成员 Shaolinfry 提出了用户激活软分叉（UASF）方案来推动 SegWit 升级，该方案迅速引起了社区的广泛讨论。

在这之前，比特币网络是否升级主要是由矿工依靠算力来投票，一个升级方案通常在获得了绝大多数矿工的支持（比如超过 95%）时才会被执行。这也导致 SegWit 方案一直得不到足够的支持票数未能被部署。这名匿名成员提出的 UASF 把原来由矿主依靠算力"做主"的投票决策过程，变成由用户来决策。至于本次决策的内容，那当然是"是否实施 SegWit 升级"了。可以认为 UASF 方案是 Bitcoin Core 团队的支持者在面临扩容道路遭到矿工反对的僵局下的一次破局行动，也是在表达被孤立出"纽约共识"后的不满。该方案约定在 2017 年 8 月 1 日之后，没有激活隔离见证（SegWit）的区块，将被升级了 UASF 的节点拒绝。UASF 的支持者甚至把这天当作比特币的独立日（如图 2.2 所示，区块链技术公司 Blockstream 首席战略官缪永权在网上贴出的海报"独立日"以支持 UASF）。因为在他们看来通过 UASF，把比特币从"独裁"的矿工手里解放出来了。但对于矿工来讲，这是一个非常强硬且

"不计后果"的方案,如果相当量的矿工节点没有升级,会使得比特币网络有发生硬分叉的可能,甚至有导致用户丢币的风险。

图 2.2

一时间社区情绪高度紧张了起来。为了调和矛盾,开发者 James Hilliard 提出了一个兼容方案 BIP91,试图暂时避免分裂。毕竟"纽约共识"的方案也是计划先实现 SegWit 然后在几个月后再提高区块上限。这个 BIP91 方案在 7 月 22 日被激活,SegWit 升级之路已经打开。

但 UASF 方案彻底激怒了以矿机制造商比特大陆为代表的矿工团体。比特大陆的吴忌寒明确说:"UASF 是一个非常危险的方案,在 UASF 分叉期间,整个比特币网络会分叉成两个币,一个是 UASF 币,一个是正常的比特币。但是如果 UASF 的价格在后续的交易过程中变高,那么算力就会被吸引到 UASF 的链上,然后 UASF 的链条变得更长,就会覆盖原来的比特币链条。UASF 实际上是一种依靠市场手段策划的(对正常比特币的)51%攻击行为。"

在这种观点的指导下,2017 年 6 月比特大陆针锋相对地提出了用户激活硬分叉(UAHF)方案。7 月 1 日,UAHF 的实施代码 Bitcoin ABC 被公布,比起上文大家熟知的 SegWit2x 方案,Bitcoin ABC 方案中没有 SegWit,并把区块的上限直接提升到了 8 MB。至于推出 UAHF 的初衷到底是什么，现在已经很难考证了。有的人说，是因为 UASF 方案有可能产生一个分叉链，在分叉发生时进行转账的用户可能会被"51%"攻击造成丢币（原来老版本的比特币链由于长度不够被新的 UASF 链覆盖，转账记录也被覆盖）。为了防止这样的丢币事故发生，UAHF 方案被设计出来预防这种潜在的风险。但由于 UAHF 和 UASF 本身不兼容，UAHF 产生了一条新的链。还有一种说法是本来比特大陆出于预防目的的设计了 UAHF 方案，他们会私下挖掘这条链。这相当于安装一条保险带用于保护交易，保留之前老版本的比特币网络上的交易历史，等平稳过渡到 UASF 升级后，如无需要可以丢弃这条链。但 UAHF 的实施代码被提前公开，于是原来由比特大陆一家进行隐蔽开采的"保险带"计划也变成了人人可参与的链。从结果来看，本来处于预防目的的 UAHF 造成了比特币社区历史上的一次大分裂，新的币种即将诞生。

2017 年 8 月 1 日，矿工 viaBTC 挖出了第一个大于 1 MB 的区块，从此比特币分裂为 BTC 和 BCC（Bitcoin Cash，比特币现金，后续改名为 BCH）。比特币现金可以认为是复制了比特币区块链并修改了一定代码后产生的新币种。比特币现金给了矿工们一直想要的大区块，而 BTC 则通过 BIP91 方案完成了 SegWit 升级，看起来皆大欢喜。

对了，发上了这么多事情之后，"纽约共识"SegWit2x 方案中的"SegWit"升级部分已经在 7 月完成了。原本计划数月之后进行的"2x"部分，即把比特币区块扩大为两倍的升级，最终由于缺乏足够的支持者被迫放弃（因为原来"2x"的支持者都去挖 BCH 了）。

比特币现金是在比特币区块高度 478 559 进行分叉诞生的，分叉之前比特币的持有者在分叉过程中得到了同样比例的 BCH 币。由于比特币现金的价格不低，比特币用户"凭空"得到了额外的收益。这样的财富生产方式立刻引起了一部分人的关注，一个新的名词"IFO"（Initial Fork Offerings，首次分叉币发行）也顺势收获了热议。在 2017 年 11 月 13 日，Bitcoin Gold 项目在比特币区块高度491 407进行分叉，Bitcoin Gold的主要出发点是改进比特币的挖矿算法，防止ASIC专用矿机造成的算力过于集中问题。之后，Bitcoin Diamond在比特币区块高度495 866进行了分叉，该项目强调有转账隐私保护功能，交易额可进行加密。计划支持图灵完备智能合约的Super Bitcoin项目在比特币区块高度498 888进行了分叉。但这些项目都再也没有了比特币现金的影响力。

不知道读者有没有注意到，早先中国矿工一直担心大区块在中国网络上传播不便，而后期则是热情地期待扩大区块上限，这一转变从另一个角度记录了近年来我国网络基础设施建设的快速发展。

*** 扩展阅读 ***

比特币圆桌会议达成关于扩容的共识

（"香港共识"正文，由莱比特矿池创始人江卓尔翻译发布在8btc.com网站[①]）

于2016年2月21日，在香港的数码港，来自比特币业界及开发社区的代表同意以下几点：

我们同意隔离见证会继续以软分叉的方式积极地进行开发，预计在未来两个月按原有时间表发布。

我们会继续和整个比特币开发社区一同公开开发一个基于隔离见证改善之上的安全硬分叉。出席比特币圆桌会议的Bitcoin Core贡献者同意：在隔离见证发布后三个月之内，会去实现一个这样的硬分叉，作为建议，提交给Bitcoin Core。

---

① http://8btc.com/thread-29343-1-1.html。

这个硬分叉应该会包括一些在技术社区正在讨论中的功能，包括：增加非见证数据至 2 MB 左右，而总体积不超过 4 MB。该硬分叉只会在得到整个比特币社区广泛支持的情况下才会实行。

Bitcoin Core 在发布了一个包含上述硬分叉代码的版本之后，我们才会在生产环境中运行隔离见证。

在可见的将来，我们只会运行和 Bitcoin Core 共识协议兼容的系统，这个系统未来最终会包括隔离见证和上述硬分叉。

我们一直致力于开发出能够更有效地运用区块空间的扩展技术，例如 Schnorr 多重签名等。

基于以上内容，时间节点预计如下：

2016 年 4 月，隔离见证发布；

2016 年 7 月，硬分叉的代码开发完成，可供使用；

2017 年 7 月，如果能够得到社区的广泛支持，硬分叉生效。

（多位签署人，其中包括五位 Bitcoin Core 开发者）

Cory Fields

Johnson Lau

Luke Dashjr

Matt Corallo

Peter Todd

✳✳✳ 扩展阅读 ✳✳✳

"矿霸":吴忌寒

在讨论比特币现金相关的话题时,有一个人是绕不开的,那就是比特大陆的吴忌寒。

2009年从北大毕业的高才生吴忌寒进入了投资行业,担任风险投资分析师,之后晋升为投资经理。做投资分析的一个好处就是会经常接触一些产业的前沿和稀奇古怪的点子。2011年,投资经理吴忌寒接触到了比特币,在充分研究了比特币的技术和逻辑之后,他隐隐觉得这是一个"大项目"。

他给朋友们打电话募资,凭借他投资经理的身份很快筹集到了10万元。当时,一枚比特币的价格为10美元。他用这些筹到的钱从淘宝和Mt.Gox(最早的比特币交易所)买入了比特币。2013年末,比特币最高价格已经突破了300美元,早期投资比特币的人都赚到了数倍的收益,包括吴忌寒。

还是在2011年,吴忌寒认识了广西国土资源规划院里的一名工程师刘志鹏,他在科幻届被称为长铗。当时长铗遇到了创作瓶颈,为了拓展思路他开始研究比特币。两个比特币爱好者租了一个服务器,创立了一个网络论坛——巴比特,以供当时为数不多的中国比特币社区用户参与讨论,成为他们的网上家园。

2011年和2012年的大部分业余时光,巴比特的创立者吴忌寒主要以专栏作家的身份进行了大量的内容创作,比如翻译了比特币的白皮书,详细记录了自己用比特币购物的体验。

2012年8月,被中国比特币业界称为"烤猫"(Firedcat)的中国科技大学2001届少年班学生蒋信予在深圳成立公司,宣布了制造比特币ASIC矿机的计划,并通过一个"虚拟IPO"在线筹款,按照0.1比特币一股的价格,发行了16万股，购买者可以分红。吴忌寒热情地参与了这次活动，买了烤猫公司（该公司的实际名称为Bitfountain）15 000股虚拟股票，成为股东。这是一笔成功的投资，烤猫公司的矿场每月能挖出4万枚比特币，作为股东的吴忌寒很快也收获了人生的第一个一千万。

2013年初，俄罗斯的一个ASIC比特币矿机开发团队Bitfury宣布开发出了功耗极低的挖矿芯片。看到来自国外团队的激烈竞争，烤猫公司的股东吴忌寒感受到了危机，他觉得有必要自己开发芯片。他想到一个人：詹克团。

当时，早年毕业于清华大学精通集成电路设计的詹克团，正在运营一家名为"DivaIP"的公司（天津迪未数视科技有限公司），该公司主要经营机顶盒业务。吴忌寒成功地说服詹克团跟他一起开发ASIC芯片。历史证明，詹克团的团队有着过硬的芯片开发能力，仅用半年时间就研发出了55 nm比特币专业挖矿芯片BM1380，并在此基础上于2013年11月推出了比特大陆（吴忌寒和詹克团的芯片公司）的第一款产品Antminer S1。这款S1矿机在2014年卖得不错，但很快他们就迎来了最为艰难的时刻。2014年2月，当时主要的比特币交易所Mt.Gox宣布自己管理的比特币中有744 408枚被盗了，受此事件影响比特币价格从2013年12月的1 125美元迅速下跌到2014年4月的360美元。挖矿是一本经济账，如果挖出的比特币不能支付电费开支，那么没有情怀的矿工就会退出。受此影响，矿机的销售也进入寒冬。这次事件使得包括烤猫在内的多家挖矿产业的参与者退出了这个风险极大的行业，而比特大陆还在不断地升级自己的矿机。2014年4月S2矿机量产；2014年7月S3矿机量产；2014年12月，S5矿机量产；2015年11月，S7矿机（图2.3）量产。

比特大陆凭借自己顽强的生存能力终于度过了寒冬。经过近十多个月的低迷，2015年11月，比特币再次突破400美元并开启上涨行情。回归的矿工们这时才发现似乎市场上只有比特大陆的矿机了。随着比特币价格的启动，短短两个月的时间，S7矿机的销售额高达4亿人民币。从S7开始，比特大陆确定了在加密货币挖矿业中的龙头地位,蚂蚁矿机占据矿机市场份额 70% 以上,比特大陆经营的矿场掌握着比特币全网 30% 的算力,吴忌寒也成了一些人口中的"矿霸"。

图 2.3

2.3 比特币现金的扩容

2017 年才从一次分叉中产生的比特币现金并没有形成思想统一的社区。比特币现金的开发有多个团队参与,其中包括:Bitcoin ABC、Bitcoin Unlimited、Bitprim、nChain、Bitcrust、Parity、Bitcoin XT 等,但主导权还是落在了 Bitcoin ABC 团队手里。这些团队当初走在一起是因为有共同的目标,那就是要提升比特币的区块大小上限。在实现了这个目标之后开始考虑比特币现金的未来时,分歧就出现了。

ABC 团队计划在 2018 年 11 月 15 日把他们之前发布的 Bitcoin ABC

0.17.2 客户端升级为 0.18 版，在这次升级中推出两个更新：①对区块内交易增加规范交易排序（CTOR）；②增加两个操作码：OP_CHECKDATASIG 和 OP_CHECKDATASIGVERIFY。这次看起来很常规的升级遭到了澳大利亚人克雷格赖特（CSW）的反对。他认为 OP_CHECKDATASIG 和 OP_CHECKDATASIGVERIFY 操作码的加入可以被用来设计博彩类应用，因此会导致比特币现金项目被部分政府封杀。更为重要的是，他认为 CTOR 的改进并非必要，这种不必要的升级会造成基础协议复杂化。为此，他针锋相对地在 Bitcoin ABC 0.17 版客户端的基础上提出了 Bitcoin Satoshi Vision（BSV）升级。这个升级中区块容量的上限将会从当前的 32 MB 提高到 128 MB，并且恢复中本聪早期设计了但被禁用的 4 个操作码（是的，你没看错，2017 年 7 月分叉时比特币现金的区块上限是 8 MB，在后续的数次升级中提升到了 32 MB）。

这种迅猛提高区块上限的想法遭到了 Bitcoin ABC 团队的反对。因为目前比特币现金每块的实际容量为 200 KB（没有这么多交易需要被打包），现在 32 MB 的上限已经有 160 倍的余量，继续扩容缺乏市场基础。即使要扩容到 128 MB 也需要做详细的测试，但在 BSV 升级计划中没有提供权威的测试报告能证明当前的网络能支撑 128 MB 的区块。

如果简单地分析 ABC 版和 BSV 版升级方案的各自诉求，特别是仅仅聚焦到争议比较集中的问题上，这次分歧似乎与 2017 年夏天那次有很多相似性：围绕扩容这个共同的目标而形成的不同路线之争。2017 年那次是为解决比特币网络交易处理速度慢的问题产生的扩大区块尺寸上限与采用隔离验证以及后续的闪电网络两种不同路线之争。而这次围绕着提升比特币现金性能这一目标也产生了两种路线：BSV 版的扩容到 128 MB 和 ABC 版对区块内交易增加规范交易排序。虽然 CTOR 确实会增加协议的复杂性，但将为后续升级石墨烯框架做好铺垫，石墨烯框架可以提高区块的传输效率，从而提升比特币现金的数据处理能力。

从以上分析来看，2018 年的争端和 2017 年的分叉确实有类似的地方，但这两次争议有本质的不同。在 2017 年，当时围绕为比特币扩容的话题整个社区已经经过数轮讨论（其中包括两次专门会议），而且 1 MB 区块上限已经导致了交易费高启的直接后果，用户开始拒绝使用比特币转账而转向使用其他的加密币，可以说 2017 年的升级比较棘手和紧迫；而 2018 年比特币现金的扩容需求并没有到非要升级不可的境地。对于具体的方案完全有足够多的时间去讨论。那为什么 CTOR 这个"小问题"就会导致分裂呢？

其背后确实是路线之争，只是这个路线不仅仅是采用 CTOR 还是扩容到 128 MB 这么简单，真正的争议是走保守路线还是改革路线，是"左"还是"右"这样的"大是大非"问题。以 Bitcoin ABC 为代表的改革派的核心思路是比特币现金需要直面目前市场上多条公链的激烈竞争，按每年两次硬分叉的节奏快速推进比特币现金的开发，采用硬分叉的升级方式有助于抛弃历史包袱，轻装上阵；形成每年 2 次的固定升级节奏让社区形成习惯，防止节点掉队，但硬分叉升级会带来链分叉的风险（比如 2018 年 11 月的这次）。改革派希望把比特币现金打造的像以太坊一样能支持更为丰富的应用，有更多的功能，满足更多的需求，他们对 BTC 的市场占有率（按流通市值计算）跌到 50% 左右感到不安。

而以克雷格赖特为代表的保守派则不是这个态度，他认为每年 2 次的硬分叉升级显得不够严肃，他觉得"BCH 不是开发者的玩具"，这样频繁的升级和实验会使得整个比特币现金地基不稳，基础不牢，不能承载"高楼大厦"。他们主张回归中本聪最早的设计（从他的客户端命名方式 Bitcoin Satoshi Vision 就可见一斑），避免改动基础协议。他的理念是容易理解的，但如果要仔细分辨这两者之间的区别却没有想象中的那么简单。没有任何系统愿意自己的基础不扎实，即使比特币现金的改革派在不断的升级中也会特意关注基础协议的安全性和稳定性；而保守派要回归最早的设计，那何时为最早呢？BTC 已经存在超过 10 年时间了，其间经过了数次更新，有些更新是非常重要的。难道把这些更新都要丢掉吗？在现在比特币现金的版本上回归"老"的设置，本身也是一种改革。

意识形态之争的最后结果是在 11 月 16 日凌晨 1 点 55 分左右从 BCH 区块高度 556 767 开始，ABC 版本的客户端和 BSV 版本的客户端开始分开出块形成新链。CSW 一直声称要对 ABC 版本的链发起 51% 攻击。为了预防攻击，Bitcoin.com、BTC.com 等矿场切换了大量的比特币算力来保护 ABC 版本的链（如图 2.4 所示，Bitcoin.com 矿池中 BCH 的算力在 24 小时内增加 15 倍，数倍超过 CSW 控制的 Coingeek 矿池）。这样的保护行为是消耗巨大的，为了避免无休止的损耗算力，ABC 版本在后续的 0.18.5 版中增加了重组保护（重组保护能够排除超过 10 个块的重组，从而在 10 个确认后确保交易安全以抵抗攻击），这样 CSW 彻底放弃了对 ABC 版的链实施攻击的打算。2018 年 11 月 23 日，CSW 和其投资人 Calvin 表示可以接受 BSV 的名称，不在意争夺 BCH 的"身份"，BSV 的目标是证明自己是真正的比特币，而不是要证明自己是比特币现金，随后 BCH 和 BSV 的算力开始下降。11 月 27 日，CSW 宣

图 2.4

布在其 BSV 链上添加重放保护，意味着 BSV 链上的交易在 BCH 链上是无效的，BSV 彻底和 BCH 分割开了。在刚刚开始分叉时，两个币种分别被暂时命名为 BCH ABC 和 BCH SV，之后 BCH ABC 被命名为 BCH，BCH SV 为了区别变成了 BSV。

随着战斗的结束，人们突然发现 CSW 并没有按他说的要对 BCH ABC 发起 51% 攻击，也没有他自己宣称的那样能调动大量的算力，之前他的很多发言似乎都是在虚张声势。那么这场战斗般的分叉有什么意义吗？这次分叉之后，不同意识形态的持有者（改革派和保守派）通过这样"排除异己"后将比以往更加坚定自己的主张。比特币现金的价格遭到了大幅打击，币价从 11 月 8 日的 600 美元（每币）大幅下跌到 12 月 17 日的 87 美元。一定要寻找其中的积极意义的话，或许就是让比特币现金社区以及其他使用工作量证明算法的社区对算力战争有了一次直观的体验（尽管并没有发生所谓的 51% 攻击）。另外，这或许是 BSV 项目的一次成功营销。

✳✳✳ 扩展阅读 ✳✳✳

分叉：区块链上的软件升级

软件都需要不断升级，这些升级可能是为了修改某个错误（Bug）或是带来新的功能，总之是为了给使用者更好的体验而进行的改进（至少开发者内心是这么想的）。我们所熟识的移动 App 的客户端升级一般都是强制性的，某天你打开手机上一个 App，弹出要求你升级的提示，如果你拒绝执行，那么可能该 App 就不能用了。

由于区块链网络去中心化的特质，要想统一升级客户端就没有那么容易了，甚至不同用户使用的是不同小组开发的客户端（图 2.5 为通过 etherscan.io 查询到的以太坊网络中正在运行的客户端情况（2019 年 1 月 23 日数据），参考图 2.5 以太坊的案例，可见区块链客户端的多样性）。这种情况下，在区块链上进行软件升级被叫作分叉。分叉，顾名思义，是从原来的区块链网络中分离出的一个分支。如果这次升级后，没有更新软件的用户可以验证已经升级过的用户产生的区块，已经升级过的用户可以验证没有升级的用户产生的区块，那么这个升级叫作软分叉。如果升级之后的用户产生的区块不能被没有升级的用户验证，则叫作硬分叉。软分叉和硬分叉发生过程如图 2.6 所示。

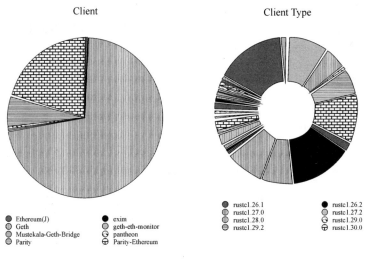

图 2.5

为了避免发布不互相兼容的客户端造成网络分裂，在发布非向后兼容的软件时开发者通常需要向社区用户广泛地征求意见。在获得绝大多数用户的支持后（一般情况下是 95% 的支持率），开发人员通过对原始代码做出一些调整修改后让用户下载，并约定激活的时间完成升级。

这样的升级方式一方面对开发者形成了约束，一旦他们开发了不符合大多数用户诉求的版本，用户们可以拒绝安装，从而抵制本次升级；另一方面天然地产生了处理分歧的一种方式，即"用脚投票"。当出现巨大的理念之争，双方无法说服对方时，贯彻了各自理念的客户端会被双方的支持者选择性地安装。在某个约定的时刻，随着版本被激活（那些不兼容的特性被激活）

社区正式分裂。通常情况下，社区分裂是大家不愿意看到的，因为削减了网络的规模和多样性，但在遇到不可调和的矛盾、一些重大的理念之争时，这样的一种处理方式也避免了社区陷入无止境的争论从而拖延网络的迭代和开发。分裂之后，具有不同理念的双方，可以在各自的链上进行开发，去实现自己的设计理念，形成良性竞争。由于比特币（及其分叉币）网络本身的开放性，这些"分裂"出去的"异见者"随时可以回来，他们所要做的只是安装相应的客户端。比特币现金从 BTC 分叉出去之后，由于两者使用了相同的挖矿算法，一些矿池开发出了一键切换功能，矿工可以迅速地在比特币现金和 BTC 两个网络之间切换以获得最大收益，这种会高频切换算力的矿池也被形象地称为机枪池。

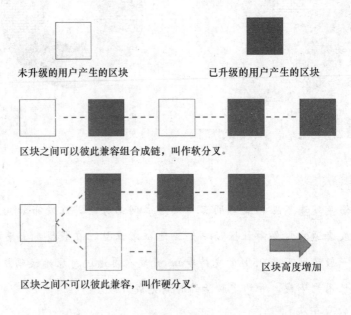

图 2.6

2.4 公交车的比喻

为了快速总结本章内容并便于读者轻松记忆，我们把本章提到的几个区块链性能提升的方法用大家日常生活中熟悉的场景来打比方。如果把区块比作编好序号的公交车，一笔笔的交易比作乘客，一个区块链网络的传输能力（本例中就是公交线路的运力）可以通过以下几种最为直接的方式提高。

(1) 比特币公交车

这种公交车每10分钟发一班，每班可以上4 000个乘客。如果没上满也准时发出，上不去的乘客只能等下一辆。如果乘客太多，上车的票采用拍卖模式，价高者得。

(2) 莱特币公交车

为了改进服务，这种公交车改成每2.5分钟发一班，以减少乘客的等待时间。

(3) 比特币现金（BCH）方案

为了解决线路乘客太多的问题，BCH公司决定把车辆换成大型的，一辆车可以乘坐32 000个乘客。

(4) BSV方案

BSV公交车决定继续扩大车的容积，一辆车可以坐512 000个乘客，但需要验证坐了这么多乘客是否能安全运行。

图2.7展示了以上几种"公交车"，你喜欢乘坐哪一辆呢？

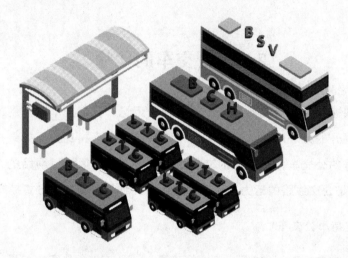

图 2.7

ium # 第 3 章 共　　识

3.1　为什么需要共识？

前一章中我们讨论了通过修改出块参数来提升一个区块链网络的交易处理能力，这种思路可以被归结为垂直扩容（关于垂直扩容和水平扩容的异同在后续章节中会有全面的论述）。同样属于垂直扩容的另一重要方法：修改区块链中的共识算法，也是一种行之有效的迅速提升区块链性能的方法，本章我们就来谈谈如何通过修改共识提升网络性能。

那究竟何为共识？为何区块链中需要共识算法呢？

在回答这个问题之前，请问您是否还记得我们在第 1 章讨论价值网络的时候举过一个很简单的例子：小明使用比特币网络发送 100 元钱给朋友小杨，小明自己的账本会记录自己减少 100 元，小杨增加 100 元；小杨的账本上也记录同样的信息，甚至与他们素未相识的老王、小张都会记录这笔交易。整个网络的参与方都会记录这笔交易确保该笔交易很难被人恶意篡改。但是在一个覆盖全球的网络中，每个参与人之间的距离是不一样的，他们接收到消息的先后顺序也是不一样的。

为了更形象地阐述这个问题，我们把上面的例子延伸一下：小明给小杨转账100元，小杨准备用这刚刚收到的100元去网上书店铛铛网买本书，费用是60元。假设这个点对点的支付网络的参与方除了小明、铛铛网、小杨，还有老王和小张，其中老王的网络距离（通常也是空间距离）离小杨比较近，而小张则离铛铛网比较近。在小明完成了给小杨100元的转账后，小杨立刻就给铛铛网付款60元，因为他很久以前就想买本书了。在当事人小杨的账本里记录是这样的：

10：00 无任何交易

（小明账户余额120元，小杨账户余额0元，铛铛网账户2 000元）

10：01 小明转给小杨　款项：100元

（小明账户余额20元，小杨账户余额100元，铛铛网账户2 000元）

10：02 小杨转给铛铛网　款项：60元

（小明账户余额20元，小杨账户余额40元，铛铛网账户2 060元）

在小杨给铛铛网转账的时候，转账相关的双方也把这条交易信息告诉给其他的参与者，以便于其他人把这条记录更新在他们自己的账本上。但由于网络的参与者之间的相对位置是不同的，离铛铛网比较近的小张在还没收到10：01的转账消息时就收到了10：02的消息。当他准备按照这一消息记账时会发现小杨的账户余额不足以支付60元的书费，从而小张认为听到的消息有误，拒绝记入账本。

小张的账本：

10：00 无任何交易

(小明账户余额 120 元，小杨账户余额 0 元，铛铛网账户 2 000 元)

10：02 小杨转给铛铛网 款项：60 元

(小明账户余额 120 元，小杨账户余额－60 元，铛铛网账户 2 060 元)

小张发现如果记录该笔交易，余额中会出现负值，所以拒绝记录这笔交易。

为了保持全网的账本一致，小张还会把这个自己记录的账本传递给铛铛网。铛铛网会发现收到的账本信息不一致（小张的账本和小杨的账本不一致）。为了稳妥起见，铛铛网只好告诉小杨，这次支付不成功。小杨很生气，于是他拿出自己的账本和小张开始争论起来。

这一现象在中心化的支付网络中是不会发生的，因为网络中只有一个记账人，所以不会有争论。上例中我们假设这些记账人都很诚实地参与记账，产生账本对不上的问题是网络传输滞后的客观现实造成的，但如果有记账人故意胡乱修改账本呢？当网络中出现两本不一样的账本，甚至更多的不一致的账本时，我们该听谁的呢？这就需要一个行之有效的机制让网络中地位对等的参与方迅速达成共识。

在人群中达成共识的常见方式是投票，但是投票方案本身也需要达成共识。比如，谁可以投票？是一个人一票还是一个 IP 地址一票？如果是一个人一票，那如何证明投票的是一个人？换句话说，如何限制一个人使用多个账号来投多票？如何计票？如何保证投票率？投票的方案是"简单多数"获胜吗？如果对投票的方案也有争议，似乎就很难有达成共识的方案了。另外，我们需要注意比特币网络是一个全球网络，在这样的系统中回答上述问题并实现投票表决有相当高的技术要求。

那究竟如何解决呢？

3.2 工作量证明

为了解决这个问题,比特币网络采用工作量证明(Proof of Work, POW)来达成共识,最初的设计理念是一个 CPU 一票。

何为工作量证明?其实我们生活中经常接触工作量证明:支付宝 App 可以收集用户每天走路的步数和好友比拼,如果排名靠前会得到积分。这里用户每天走路并被支付宝采集就是一种工作量证明;小学生上学如果一个学期能保持全勤,会得到一个全勤奖,也是一种工作量证明;你每天上下班打卡,证明自己工作时间超过 8 小时,是更为常见的工作量证明。可见工作量证明本身就是人类社会中被广泛使用的一种机制,在比特币网络中的工作量证明是进行哈希(Hash)计算。

1. 哈希计算

哈希计算的过程可以理解为将任意长度的数据映射为固定长度的数据。计算出来的这一固定长度的数据看起来就是一串随机数,如果我们把"区块链性能提升技术"这几个字做哈希计算,会得到这样一串字符串,也叫作哈希值:

f16eba0f429f6814a08004713ace2311c98b156e4cb6354ef2d8fbad97683cd7

比特币网络中做哈希计算是为了求解一个特定的参数 n。把这个 n 附加到一串已知的数据中得到一个哈希值 Y。想参与计算的人需要通过不断地修改 n(但他们对如何修改毫无头绪,只有一个数字一个数字地穷举),然后运行哈希函数来查看结果。最后当这个被试出来的 Y 的值小于特定的 Z 时,这个 n 就是有效的。谁是最先找到这个有效 n 的人,谁就有发布账本(记账)的权利,大伙就要听他的。

图 3.1 展示了比特币网络中一个真实的 Hash 计算结果，其中的 Block Hash 的前 18 位都是 0，是一个满足要求的数，Nonce 就是前面提到的需要求解的 n。哈希计算有个非常重要的特征，就是求解很困难，但验证很简便。一旦网络的某个参与人找到了合适的 n，算出 Hash 值后就可以把他的结果发布出来，接收到他的信息的其他记账人可以很迅速地做一次哈希计算来验证这一个结果是否满足要求，一旦满足就可以认定此结果有效。

Height	564,754	Version	0x20000000	Block Hash	0000000000000001346fca3c68d939554729a4bd45f32146d8861060368d0
Confirmations	1	Difficulty	14.60 T / 6.07 T	Prev Block	0000000000000000273071236e1e29904eec1ee85e0d7506e13ba69b9cfe9e
Size	1,171,869 Bytes	Bits	0x172e5b50	Next Block	N/A
Stripped Size	940,416 Bytes	Nonce	0xf5adfa20	Merkle Root	ff7250621870eb40cffd5cfb2c3c636614f15c34add2cfb3bd8b6db330897cba
Weight	3,993,117	Relayed By	Poolin		
Tx Count	2,776	Time	2019-02-26 23:10:02	Other Explorers	BLOCKCHAIR

图 3.1

中本聪最早使用普通计算机来做这个计算，后来人们发现这类穷举试错的"体力活"更适合 GPU 来做，再后来就有人针对比特币所使用的 SHA (Secure Hash Algorithm) 256 算法开发出了专用集成电路（ASIC）设备。相对于 CPU 和 GPU，ASIC 设备的流行程度并不高，也更加专业化，使得为比特币记账做哈希计算从普通工作变成了专业行为。比特币网络为了激励更多的人参与到网络中来，为最先算出有效哈希值的人提供奖励，最早是 50 个比特币，每四年会减半。后来由于比特币的价格升高，越来越多的人参与到争夺记账权的计算中，这个过程被叫作"挖矿"（让人联想到挖掘黄金），这些争夺记账权的人也就成了矿工，而他们的生产工具——专业的 ASIC 设备也就成了矿机。

中本聪设计比特币网络时，考虑到这个网络将要为全世界的人们服务，一个新的区块需要足够的时间传递到世界上每个角落，所以设计了出块间隔时间为 10 分钟。从理论上讲，随着越来越多的计算设备投入比特币网络中进行哈希计算，如果难度值 Z 是不变的，算出符合要求的哈希值 Y 就会越来越快（因为来猜 n 的人增加了），也就是说出块间隔就会缩短。这样就很难维持出块间隔为 10 分钟的要求。为了能保证这一间隔时间不变,中本聪设计了难度值 Z 会定期调整,每过 2 016 个区块之后难度值调整算法会检查过去产生 2 016 个区块所花费的时间并与 20 160 分钟进行对比,如果发现时间短了就增大难度(相应的如果时间变长就减小难度),这样一来就可以维持出块间隔时间不变了。图 3.2 展示了比特币网络诞生以来难度值的巨大变化(右图为同一信息的对数坐标展示),目标是维持每 10 分钟产生一个区块。

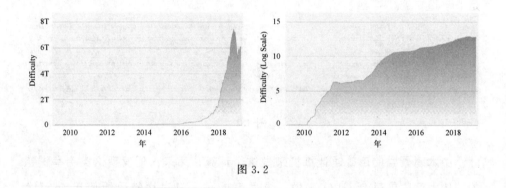

图 3.2

2. 分叉

那为什么维持 10 分钟很重要呢?从网络传播的角度来看,如果比特币区块出块间隔迅速缩短,使得出块速度大于区块的传播速度,孤块率会迅速提高。比如说一个区块高度为 10 000 的区块已经被挖出来正在网络中进行广播,但一个矿工还没有收到广播,自己也挖掘出了另一个区块高度为 10 000 的区块。在一条区块链中出现两个同样高度的区块就形成了一个分叉,当网络中的参与者也就是节点遇到这个分叉时(发现有两个具有相同区块高度但是不一样的区块时),工作量证明中的一个重要判据就要发挥用途了。中本聪很明确地说,这个时候哪个分叉更长(有更多的区块)就保留哪个。于是那个没有被保留下来的分叉链上的区块就成了无效块,也就是孤块。孤块就像一条珍珠项链上的一颗珠子从项链上掉了下来一样,成了"遗珠"。

3. 时钟

矿工们争先恐后地做哈希计算是为了获得区块奖励，也是在争夺记账权和发言权。算出了 n 得到了符合要求的哈希值，就是在告诉网络中的其他参与人在这个时刻应该听谁的。这其实是在解决一个账本中的排序问题。回顾之前小杨的例子我们可以看到，区块链中的交易顺序、事件上链的先后关系是非常重要的。

回顾计时设备的发展史，我们知道人类在早期是没有准确的时间概念的。古人大多日出而作，日落而息，公鸡都成了报时的工具。人们白天主要依靠太阳的高度来辨认时间，而到了晚上就要依靠打更。古代一夜分五更，每更大概两小时。直到火车的出现，当人们可以快速大范围迁移之后才迫切地需要更为精确的计时方式，不然无法调控各个车站上下列车的安排。机械钟表的出现允许人们可以管理跨越遥远地域的运输、贸易、生产，拓展了商业的可能性。当全世界的人都共享同一个时钟时，一些复杂的协作得以发生，比如观看世界杯决赛，或者大国首脑们举行电话会议。

而工作量证明则是用另外一种方式在计时。关于这个问题 Gregory Trubetskoy 有非常精彩阐述，他认为："POW 本质上是实现了一个放之四海而皆准的'时钟'，这个时钟的一个滴答对应的就是 POW 算出一次的解。这样的时间戳为我们的账本、为我们交易发生的先后顺序提供确认。"比特币网络可以不依赖可信的第三方来计时，完全依靠这个工作量证明过程处理交易的前后顺序。当然，他这里的时间概念并不等同于我们日常经验中精确到几分几秒的那种时刻，而只要能标记出某件事情发生在前，某件事情发生在后即可。从这个逻辑出发，由于比特币网络中每 10 分钟出一个块，10 分钟也成了其中的最小时间度量单位。

3.3 权益证明和委托权益证明

1. 耗电

工作量证明的机制在比特币的实践中获得了巨大成功,保障了比特币长达十年的稳定运行。但随着比特币币价的升高,作为比特币重要的生产方式和获取渠道,越来越多的矿工购置设备投入到挖矿的大潮之中。图 3.2 记录了比特币算力在 2017 年和 2018 年经历了猛烈的上涨导致难度迅速提高。这些设备都需要电力驱动。据英国的 POWercompare 网站估计,比特币挖矿年耗电量高达 55~73 万亿瓦时(如图 3.3 所示,比特币挖矿耗电在近年来持续增长)。如果比特币矿工组成一个国家,那么在全球电力消费国的排名中"比特币矿工国"很大概率可以排到第 39 位。其惊人的耗电量甚至超过了拥有 1.8 亿人口的尼日利亚。

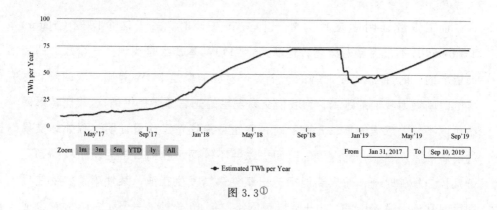

图 3.3①

---

① 数据来源 https://digiconomist.net/bitcoin-energy-consumption。

另一方面，由于设备需要花大量的时间来做哈希计算，所以一笔交易的处理速度不可能很快。设备在处理完交易之后还要做和"交易无关的事情"：争夺记账权或者叫作记账结果发布权，使得一笔交易被完全处理至少要 10 分钟。大量投入的设备和电力并没有让比特币网络变得更快，这些投入只是让这个网络变得更加安全。这也导致在面对一些需要完成快速转账的交易场景时（比如手机扫码乘坐公交车），POW 为基础的共识算法就显得力不从心。

2. 押币

越来越多人的注意到了这些问题，并开始探索解决之道。一个备受关注的替代方案就是使用权益证明（Proof of Stake, POS）来替代工作量证明。在使用 POS 的网络中，区块生产者不再叫作矿工，而是叫作验证者；不同于挖矿，产生区块的过程被叫作铸造（Mint），但在一些文章中同样使用"挖矿"一词来表达产生区块，即使网络所使用的共识不是工作量证明。POS 网络的参与者为了证明自己有权利成为验证者，需要事先存入一定量的代币作为抵押，以此证明自己拥有网络的一部分权益。这一步只是成为验证者的门槛，是否能有权利来生产区块还需要运气。为了公平起见，大多数使用 POS 的网络会从符合要求的候选验证者中随机地选出一位来生产区块。不同的项目对于抵押的代币量有着不同的要求，有的项目只要达到某个门槛值后，无论拥有多少被抵押的代币，其当选验证者的概率都是一样的；有的项目则是抵押的代币越多，当选的概率越高；有的项目不但要抵押代币，还要考虑币龄（计算这些代币被抵押了多久）。在考虑币龄的系统中，1 个单位的代币抵押了 10 个月（可能）等效于 10 个单位的代币抵押了 1 个月。

POS 的核心设计思路就是要实现工作量证明所建立的共识效果，并避免工作量证明耗电和耗时的缺点。因为避免了做哈希计算耗费的时间，POS 的交易处理能力得到了提升。使用 POS 的量子链每 128 秒出块，TPS 最高可到 100。另外，由于需要事先抵押代币才能产生区块，所以 POS 也可以抵抗工作量证明中的51%攻击。如果我们把工作量证明中的算力类比为POS中被抵押的代币，那么要发起51%攻击去修改交易记录，需要作恶者拥有51%的代币。一旦攻击得手使价值网络造成损失，那么网络代币的价值也就遭受打击，所以拥有绝大多数代币的人是没有意愿发起此类攻击的。

3. 问题

使用POS共识的先驱是Sunny King创造的点点币。每一年点点币的持有者手中的代币会增加1%。从这个角度看POS有些银行定期存款的味道。后续的未来币、量子链等项目都在不断地推动POS技术的发展，POS技术也受到了越来越多项目的关注，被认为是区块链共识2.0的代表。以太坊项目也计划把共识机制从POW转向POS。但POS也有自身的问题。

(1) 代币分发问题

如果网络一开始就用POS方案，那么会遇到"鸡和蛋问题"：没有币如何去押币？如果一开始分发的代币不够分散，那么POS会使得马太效应快速显现出来，短期内富者越富，代币会迅速集中。如果没有相当量的用户，并且代币被尽可能广泛地分散，这个价值网络的价值就会很低。为了解决这个问题，有的项目先采用工作量证明的方式运作，通过几年时间的挖矿和交易，使得代币能尽量广地分散到大多数用户的手中，然后在时机成熟后切换到POS方案。

这里需要讨论一下马太效应。马太效应来自圣经的典故，简而言之就是富者越富，穷者越穷，这一现象在我们的历史中很常见。在社会稳定，没有大的自然灾害的时代，富者通过积累的财富可以涉足一些高回报的行业，或者有资本给下一代投资教育从而使得家族的财富不断积累。但当社会的贫富差异超过了临界值时，就会造成一定的社会问题，引发社会动荡（所谓的富不过三代），所以现代国家都设立救济制度和所得税制度来调节贫富差异。同样的逻辑，在一个区块链小经济体中，如果由于马太效应过早导致代币地址间的贫富差异超过临界值,那么这个薄弱的经济系统就会崩溃。显然一个区块链经济体承受内部应力的能力还不如一个现代化国家。

(2) 通货紧缩

如果 POS 采用币龄机制,但没有把握好时间的作用,用户会倾向于把币都囤积起来,而不是去流转和使用。即使用户不上线,时间不会停止,用户的币龄还在积累,这样不利于促进囤币用户维护一个活跃的节点。如果一个网络中的节点太少,对网络的使用体验是致命的伤害。所以近年来的 POS 项目中使用币龄的越来越少,通常直接是按抵押币的数量计算权益。

(3) 分叉链无成本的攻击(Nothing-at-Stake)

当一个工作量证明的矿工遇到分叉事件时(比如 2018 年的比特币现金硬分叉),他可以选择在其中任意一个分叉链上继续挖矿,但他的算力在一个时间段中只能投入到一个链上。大多数情况下,他会选择在最长链上继续挖矿,因为如果他贸然去挖一个人气不高的小分叉,一旦这个分叉最后被抛弃,他将一无所有:他将损失在小分叉上获得的区块奖励,也失去了在这段时间从长链上获得区块奖励的机会(机会成本)。考虑到这么高的风险,矿工们都会达成共识并遵守最长链的规则,所以工作量证明网络中很少出现分叉。但在 POS 网络中就不是这个情况了。当一个 POS 的验证者遇到一个分叉时,他所拥有的权益同样存在于两个分叉,虽然他知道其中有一个是人气更高的链,是长链,但他会发现即使同时在小的分叉上做验证生成区块,也没有什么损失。这样一来就鼓励了分叉的存在,大大影响了网络的安全性。为了解决这个问题,以太坊("宁静"阶段采用 POS)正在设计一套惩罚机制,但是否有效还需要检验。

4. 代表

虽然 POS 的吞吐性能已经比工作量证明高了,但 POS 中还有两个限制网络性能提升的环节：①如何从满足条件的验证者候选人中挑选出验证者；②区块产生后需要在节点之间迅速完成同步。为了解决这两个问题，作为POS的衍生共识，委托权益证明（Delegated Proof of Stake，DPOS）被发明了出来。DPOS类似于人民代表大会制，持币的用户可以根据自己的持币量通过抵押行为获得相应的投票权，从愿意担任超级节点的候选中人选出自己信任的、又能够代表自己的超级节点参与网络出块。因为DPOS机制中一轮出块周期里由谁出块是很明确的，这样可以大幅度地提高网络的数据交换能力。

2018年主网上线的EOS系统是DPOS共识算法的典型代表。目前（2019年3月的数据）EOS有519个超级节点候选人，持币人将从中选出21个节点来为他们提供出块服务。想要成为超级节点首先要有好的设备，根据EOS官方公布的硬件要求，超级节点至少需要亚马逊云AWS EC2主机x1.32x large型，128核处理器，2 TB内存，2×1 920 GB SSD存储空间，以及25 GB的带宽。租赁这一硬件大概每年需要花费70万元人民币。高的投入是有回报的，EOS每年会增发1%的代币作为节点奖励，按当前超过10亿枚EOS的供应量计算，奖励将高达1 000万EOS。其中0.25%是出块奖励，另外0.75%是得票奖励，用于鼓励那些得票但没有排到前21的超级节点。投票可以随时进行，当21个超级节点完成一轮出块之后（大概是126秒），会根据投票记录调整排名。

这样的设计大大提升了系统的处理能力，网络监控数据显示EOS的TPS峰值达到过3 996。以这样一个高性能网络作为基础，各种不同类型的去中心化应用（Dapp）得以快速落地生根。在2019年4月，绝大多数24小时用户数超过1 000人的Dapp都是建立在EOS和TRON上的（图3.4所示为Dapp数据统计网站dappradar.com显示的2019年4月1日日活排名前10的Dapp）。TRON是不同于EOS的另一个公链，它们的共同点是同样使用了DPOS共识。

#	Name	Category	Protocol	Balance	Users 24h
1	ENBank	Other	EOS	140	6.6k +5.24%
2	PRA CandyBox	Other	EOS	0	5.7k -9.73%
3	EOS Knights	Games	EOS	1.1k	5.4k -2.22%
4	TronBank	High-Risk	TRON	172.4M	5.2k +3.81%
5	p3t.network	High-Risk	TRON	4.9M	3.3k -0.39%
6	TronVegas	Gambling	TRON	1.5M	3.2k -2.42%
7	DTH (Decentralize…	Gambling	EOS	110.43	3.1k -0.03%
8	Bankroll	High-Risk	TRON	106.4M	3.1k +7.96%
9	EOSBet	Gambling	EOS	86.9k	2.8k -0.25%
10	TRXMarket	Exchanges	TRON	3.3M	2.8k +26.55%

图 3.4

5. 中心化？

构建于 EOS 和 TRON 的 Dapp 大受欢迎，似乎告诉我们只要使用 DPOS，区块链性能提升的问题就能得到解决。其实不然，在 EOS 设计之初，围绕 EOS 的最大争论在于其是不是"性能提升不可能三角"中的最优解。以太坊的设计者 Vitalik Buterin（行业里也称之为 V 神）为代表的一批区块链从业者认为 EOS 为了提升性能放弃了去中心化，由于缺乏足够的去中心化，EOS 系统可能面临以下风险。

(1) DDOS（Distributed Denial of Service）攻击

DDOS 攻击也就是分布式拒绝服务攻击。攻击者通过控制多个设备产生超过目标服务器的接待能力的大量访问，达到让目标服务器不能正常工作的目的。类似于坏蛋雇用了数十个帮手把公交车占据了，使得真正有出行需求的乘客无法上车。在比特币网络中，由于无法预测下一个出块的节点，所以很难发起 DDOS 攻击，而对于 EOS 系统中"暴露"出来的 21 个节点攻击就容易得多。

(2) 选举腐败

由于当选 21 个超级节点会得到大量的经济利益和其他好处（比如，获得在 EOS 生态中的影响力），这样的竞选中就难免会存在拉票、贿选等腐败行为。在 2018 年 9 月一份备注作者为火币员工施菲菲的《火币矿池节点账户数据 20180911》的文档流出，表格显示火币节点（Eoshuobipool）为了获得足够的选票和经济利益而与其他节点有"利益共谋""相互投票"的迹象。火币通过投票扶持 eospace、cochain、eosiosg 等节点，然后从他们获得的区块奖励中分成。有些超级节点候选人则公开贿赂选举人。他们表示如果自己当选了超级节点，将拿出区块奖励的相当一部分回馈社区，感谢投票支持。有的用户会觉得难道把钱回馈给社区还不好吗？很遗憾，不好。这种行为无论包装了何种动听的语言也无法改变其腐败的本质。假设有一个超级节点候选人通过这种"回馈社区"的方式当选了超级节点，落选的节点们开始纷纷采用类似的招数。在这种竞争下用于回馈的奖励金额将很快达到极限（即一个节点把所有利润都用于贿选），在之后恶性的压缩成本竞争中候选节点越来越少，直到候选人数只有 21 位，选举系统崩溃。或是出现劣币驱逐良币的事件，那些极力压缩成本把大多数收入用于"购买"选票的节点一直能够当选，而用心维护设备、成本高涨的节点无法当选，网络中超级节点的硬件越来越差，直到不可用。还可能会有另外一种情况，一些老练的候选节点在达到分成极限之前形成同盟来控制贿选市场的价格。这种情况是区块链领域中非常不愿意看到的，因为这是一种强中心化的表现。

(3) 性能稀缺

EOS 系统的高性能是由这 21 个超级节点本身的硬件资源做支撑的，而这些硬件资源（CPU、内存、带宽等）总量在一个时期内是恒定的。用户需要使用 EOS 系统，就需要抵押 EOS 去租用设备资源，而这些稀缺资源经常遭到投机者的恶意炒作（可以从图 3.5 中有更为直观的感觉，EOS 的内存价格在 2018 年 7 月初经历了大幅上涨，如图 3.5（a）所示；在这个价格暴涨的时期，内存使用率仅为 1.76%，绝对大部分被售出的内存都被"储备"了起来，如图 3.5（b）所示），使得真正需要资源的开发者和用户反而需要花费大量资

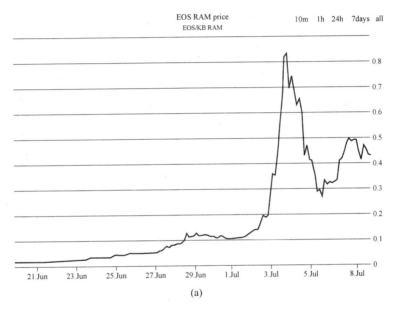

(a)

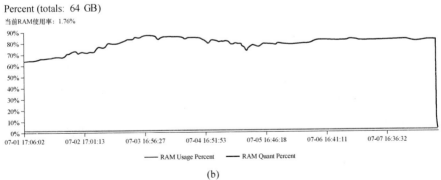

(b)

图 3.5

金去获取，苦不堪言。比如，在内存价格暴涨之前，在 EOS 创建一个账号的成本大概是 3 元人民币（是的，你没看错，因为创建账号也需要使用超级节点中的资源，是要使用 EOS 进行抵押获取资源的）；暴涨之后，该业务的花费达到了 120 元。对于被中国互联网惨烈竞争中培养出来的用户，大多数习惯于注册是收钱的（网站给予的奖励或者别的优惠），这种在 EOS 中注册一个账号需要花费超过 100 元的情况或许还没遇到。

EOS 中心化的问题甚至威胁到了它是不是区块链。区块链测试解决方案提供商 Whiteblock 公司在对 EOS 进行长达两个月的测试之后认为，EOS 本质上是一种用于计算的云服务，而不是传统意义上的区块链。这一结论引起了很大争议。从交易组成区块，块头通过哈希值前后关联来看，EOS 完全具有链式结构，是"区块链"，但链本身并不是带来所有重要性能的源泉。从网络的参与资格、节点地位和当网络受到摧毁时的可再生性来看（请联想我们前面提到的海星），EOS 和比特币的网络有明显区别。

这又引出了另一个重要的话题：什么是区块链？很多企业提出了私有链和联盟链的概念，从数据结构上看它们也是区块链。但这类许可链丧失了以太坊一类区块链中最重要的特质：不依靠中心或者无须信赖方就能达成共识。而另外一些项目，比如 IOTA，其产生的区块并不形成一条首尾相连的链，但也被认为是区块链项目。有种观点认为，让比特币如此有魅力的并不是"区块"或者"链"，而是其背后的加密经济共识协议。分辨一个项目是否类似"以太坊"不应该专注于是不是区块链，而应该看这个项目是不是加密经济学的产物。美国证券交易委员会（SEC）对很多发售代币的项目有严格的要求：如果他们的代币具有证券属性，就需要按发行证券的法规进行注册。而与证券类代币不同的则是功能代币。功能代币需要能与它们所连接的应用程序有机地结合起来，是程序的一部分，同时也需要是加密经济系统的一部分。SEC 关于功能代币的定义给我们分辨某个项目是否"类似以太坊"提供了思考的方向。

扩展阅读

有序度、相变与去中心化

如果我们把比特币的记账方式称为完全的去中心化,把支付宝的记账方式认为是典型的中心化,那在这两种极端情况之间是不是可以有一些去中心化程度介于两者之间,但能在效率方面得到巨大提升的选择呢?完全的去中心化是不是加密经济发展的唯一目标呢?在面对这样的问题时,我们想到了一个物理现象:相变。

相变是指物质从一个相转变到另一个相的过程,而相是指物质系统中物理化学性质完全相同的部分。人们最为熟悉的相变是水从液相变成固相,也就是结冰的过程。液态的水和固态的水从分子角度看有两个明显的不同:水分子之间的距离以及排列方式;当然更为直接的感受就是"硬"和"软"。通常情况下物质的固态要比液态有序得多,这也是为何同一种物质液态的密度要小于固态的密度。有序状态很容易联想到中心化,典型的人类中心化系统例如军队(图3.6(a)所示为广场阅兵时,中心化组织的军队走出的方阵),就给人留下有序整齐的印象;而无中心的人群,有序度并不能高于中心化的组织(如图3.6(b)所示,地铁出口每个人都按自己的想法行动,显得混乱)。请注意:去中心化并不完全等同于无中心,也并不代表混乱,但去中心的系统有序度确实要低于中心化系统。此处使用无中心人群是为了便于理解,且并不影响结论。同一种氧化硅分子可以构成有序的石英(图3.6(c)所示为大自然形成的石英晶体,其中的硅元素和氧元素呈规则排列)和无序的玻璃(图3.6(d)所示为工厂生产的玻璃,其中的硅元素和氧元素是无序排列的)。虽然它们看上去都是透明的,但具有非常不同的性质。石英的熔点为1 700 ℃,而玻璃没有固定熔点;石英还具有玻璃没有的压电性。

如果我们把中心化比作固态,去中心化比作液态,那么有很多介于两者之间的有意思的形态，如液晶和微晶玻璃。一些物质在熔融状态时会失去固态的刚性，具有类似液态的流动性，但却保留着固体晶态物质中的分子排列方式（各向异性），因此兼具部分晶体和液体的特性。这种由固态向液态转变中产生的取向有序的流体称为液晶。可以认为液晶是介于有序和无序之间的，这样的身份带来重要的用途，配合光源能制作成备受青睐的平板显示器。

图 3.6

而另一种有序度介于有序和无序之间的材料：微晶玻璃，由于在玻璃中加入成核物质，能够析出微小的晶体，得到晶相和玻璃相的两相共存复合材料。微晶玻璃的性能比玻璃强韧，比陶瓷亮度高，在现代家居地板装饰中非常受欢迎。

如果你同意中心化组织和去中心化组织之间可以用有序度来描述的话，那么这些有机体所构成的组织和无机物的组织（比如氧化硅分子构成石英晶体）有很多类似之处。我们也可以试着用观察物质的眼光来思考去中心化问题。就像我们不能简单地说石英比玻璃好，或液晶比液体好一样，脱离了评价体系是无法比较的，所以单纯的争论是去中心化好还是中心化好是没有意义的。在一些特定的应用场景中，甚至可能是部分中心化的组织更具生命力，就如同液晶材料在显示领域大受欢迎一样。

图 3.7 所示为一张关于中心化的"相图"。中心化和去中心化之间并非非黑即白的简单二元关系，当组织拥有不同程度的去中心化时可能有某种特别的用途。

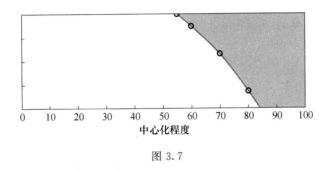

图 3.7

3.4 包含权益的工作量证明

在关于 POW 和 POS 的讨论中，可能给读者留下了 POW 比较安全，POS 比较节能的印象。那有没有可能设计一种方案融合 POW 和 POS 各自的优势呢？在讨论这个想法之前，让我们先看一个新闻：2019 年 1 月 7 日，ETC（以太经典公链）被曝遭受 51% 攻击，损失的金额超过百万美元[①]。还有消息称，有神秘矿池已经掌握了 ETC 网络 56% 的算力。

人们开始担忧那些采用工作量证明模式产生区块的网络是否足够安全。我们知道矿工是逐利的，由于区块链加密币市场的波动幅度较大，矿工很容易受到币价的影响。当市场进入熊市，即便是一些著名项目也有算力大幅下

---

① 和讯网：ETC 遭遇双花攻击 你知道是怎么回事儿吗？http://news.hexun.com/2019-01-09/195824175.html。

降的情况。这是一个简单明了的经济账,如果挖掘区块得到的奖励不能弥补电费和设备折旧的开支,这个商业模式就不成立。如果多个项目采用相同的挖矿硬件,那么精打细算的矿工会随时根据挖矿回报让自己的设备在不同的网络间变动,以获得更好的回报,但这也成为新的安全隐患。一些算力较低、规模较小的网络,如何能够保障自己在足够去中心化和算力不高的情况下,免于51%攻击?针对这个问题,我们在分析了POW和POS各自的特点之后,设计了新的包含权益的工作量证明共识Proof of Staked Work(POSW)来尝试解决。

1. 思路

前面已经提到,当前在基础公链中得到广泛应用的共识机制主要是工作证明和权益证明(POS)及衍生共识(如代表权益证明DPOS)。经过10年的运行,工作量证明已经证明了自身所具有的安全性和可靠性。然而,它也暴露出交易处理速度慢、能源使用效率低等弱点。POS共识可以提高系统的能源使用效率,但是它也面临着一些前文提过的安全问题。

为了弥补POW和POS各自的不足并充分发挥它们的长处,达世币区块链(DASH)和Decred等项目提出了混合POW/POS的新共识。DASH鼓励用户通过押1 000 Dash(达世币)来设置MasterNode(主节点),在主节点采用InstantSend方案,可以满足交易中的即时支付需求。然而,DASH仍然面临著名的51%双花攻击的威胁。在Decred的系统中,每一个由工作量证明共识产生的块必须由多个权益人签名之后才能被添加到链上。这样一来,只要权益人本身足够分散,Decred网络可以具备更好的安全性(更好地抵抗51%攻击)。

在综合了工作量证明和POS的设计思想后,我们提出了包含权益的工作量证明(POSW)。其基本思路是,如果一个矿工想将其所有的哈希算力用于挖矿(假设其具有网络Y中所有算力的$P\%$),那么他必须持有并抵押$P\%$的

Y 代币。这意味着，如果有人要实施双花攻击，攻击者除了需要掌握超过全网 50% 以上的算力之外，还需要抵押足够多的代币。同理，运营一个大型矿池的成本将会更高，因为矿池的所有者在扩大算力规模的时候还需要不断地获取代币。这从另一个角度看，限制了矿池的规模，避免了中心化。

2. 模型

让我们来讨论一下具体的模型，假设矿工的算力为 h_i（单位为 h/s，哈希每秒），则 POSW 公式为：

$$\text{Maximize} \quad H'$$
$$\text{subject to} \quad H' = \sum_i h'_i \tag{3.1}$$
$$h'_i \leqslant h_i, \quad \forall i$$
$$h'_i \leqslant f(s_i) H', \quad \forall i$$

式中，h'_i 表示 i 矿工的有效算力，H' 是全网的全部有效算力，s_i 是 i 矿工抵押的代币量，$f(s_i)$ 是 i 矿工算力的发挥效益百分数，我们命名为额度。$f(x)$ 函数具有以下特性：

- $f(x)$ 是一个非递减函数。
- $f(x)$ 是一个非超可加函数，即 $f(x) + f(y) \leqslant f(x+y)$。这确保矿工不能通过把自己的代币分成多个小份来获得更多的额度。

该函数的一个简单的例子就是 min（alpha·s_i/S, 100%）函数，S 是某种代币的流通总量，alpha 是系统常数，用来调节被抵押代币的数目。为了便于理解本共识算法，在下面的讨论中我们将使用这个简单的 min（x）函数来讨论。

公式（3.1）呈现了一个线性规划问题，可用线性规划求解器在多项式时间内进行有效的求解。为了更好地帮助读者理解这个模型,让我们讨论一些实例:假设有四个矿工,每个矿工都具有相同的算力(例如 25 h/s),而矿工们所占的代币百分比不同,分别为:5%、10%、25%、60%。假设 alpha=2,那么公式(3.1)可以变成:

$$\text{Maximize} \quad H'$$

$$\text{subject to} \quad H' = \sum_i h'_i$$

$$h'_i \leqslant 25, \forall i$$

$$h'_1 \leqslant 10\% H'$$

$$h'_2 \leqslant 20\% H' \tag{3.2}$$

$$h'_3 \leqslant 50\% H'$$

$$h'_4 \leqslant 100\% H'$$

求解公式(3.2)之后,我们得到 $h'_1 = 7.14286$,$h'_2 = 14.2857$,$h'_3 = 25$,$h'_4 = 25$,$H' = 71.4286$(单位都为 h/s),每个矿工对网络贡献的有效算力的百分比为:10%、20%、35%、35%。

以上结果告诉我们:

- 即使所有的矿工都有相同的算力,他们的有效算力会受到抵押代币量的限制。这鼓励缺乏代币的矿工去获得更多代币,以便发挥自身的全部算力。

- 总有效哈希算力可能低于总哈希算力。这意味着如果对手没有足额的代币,拥有足够代币的矿工更容易挖矿。

- 在这种情况下,双花攻击需要 51% 的有效算力和 1/alpha 的代币,才能创建并维持一个由攻击者单独挖掘的分叉以实施攻击。

- 通过改变 alpha，我们可以根据具体情况调整奖励系统，使其更有利于拥有算力的矿工或权益的拥有者（持有代币且愿意抵押的人，当然他也要有设备来挖矿）。

- 也有可能出现如下情况，矿工没有足够的权益，而代币的拥有者不想挖矿。这个问题类似于纯 POS 系统中的验证者不工作的情况。如果出现该情况，由于此时网络的算力很低，从经济角度将激励权益拥有者挖矿获取收益。但权益拥有者有时可能会做出反经济的行为，为了进一步避免这种情况出现，我们可能会允许矿工（在没有足够权益的情况下）生产区块，但区块生产的难度必须比其他有权益的矿工更高（例如，设计为 beta 倍，高于有足够权益的矿工，其中 beta 可能为 2、5、10）。

与 POW 相比，建设 POSW 的矿池需要更大的成本。因为矿主为了有效地发挥不断增多的算力，矿池需要不断抵押代币以获取网络中的额度。相比之下，运行一个相当规模的纯工作量证明矿池，大部分投入都在算力上，其他的运行成本（如房租、人工等）几乎可以忽略不计。

3. 实现

在本节中，我们将演示如何构建一个类似的 POSW 实现，并通过仿真计算测试其性能。首先，我们可以通过计算矿工在最近一段时间窗口中生成的块的数量来估计在高度为 i 的块上该矿工的有效算力百分比：

$$\frac{\sum_{j=0}^{w-1} \mathrm{iif}(c_{i-j} == c_i, 1, 0)}{w} \tag{3.3}$$

公式（3.3）中 w 是时间窗口的长度，c_i 是第 i 个块的区块奖励地址（也是 i 块生产者的地址），求和算出由同一个矿工开采出来的块数。

为了实施 POSW，该实现要求对于高度为 i 的块矿工生成的有效区块必须满足以下条件：

$$\frac{\sum_{j=0}^{w-1} \text{iif}(c_{i-j} == c_i, 1, 0)}{w} \leqslant f(s_i) \quad (3.4)$$

式中，s_i 是 c_i 矿工在第 i 号区块的余额。公式（3.4）提出了具体要求：假设总有效算力在该窗口期是恒定的，我们可以通过增加窗口期大小来提高对每个矿工有效算力百分数的估计精度。我们将在模拟中研究窗口大小对估计结果的影响。

为避免矿工在窗口期间将额度转移到另一个地址（即该矿工更换了挖矿地址），挖矿者地址中的权益在窗口期内是不能变更的。

4. 模拟

我们将通过模拟数据来评估 POSW 实现的性能。模拟器有以下输入参数：

- 每个矿工的哈希算力（单位为 h/s）；
- 时间窗口大小；
- 根据矿工具有的权益其最多能产生的块数；
- 模拟的出块数。

生成每个块经历了如下过程：模拟器先检查每个矿工在最近时间窗口中生成的块的数量并与其额度比较之后检查资格；排除不满足公式（3.4）的矿工，然后在剩余矿工中考虑算力加权后随机选择区块生产者。模拟代码可以在 QuarkChain 的开源代码库中查看[1]。

---

[1] 请查阅 QuarkChain 在 github 上的开源代码库，https://github.com/quarkchain/pyquarkchain/blob/master/quarkchain/experimental/proof_staked_work.py。

除非另有说明,本文中模拟的块数默认为 100 000。以下为具体的结果和讨论。

(1) 模拟结果 1:矿工具有不同额度但有相同的算力

我们使用前面提过的例子做模拟,假设矿工算力相同,权益不同。他们的权益分别为 5%、10%、25%、60%,alpha=2,窗口大小为 128 块,各自的额度为 10%、20%、50%、100%。模拟结果显示每名矿工实际生产的区块占比为:

矿工 1:9.07%

矿工 2:18.62%

矿工 3:36.23%

矿工 4:36.08%

模拟结果显示,矿工生产区块的情况与预期数据(10%、20%、35%、35%)很接近。矿工 1 和矿工 2 的百分比略低于预期,这是因为时间窗口太小,因此计算有效算力的粒度太粗。为此,我们进一步研究了窗口大小的影响,表 3.1 列出了不同窗口大小的结果。

表 3.1 时间窗口对矿工生产区块的影响

窗口尺寸/块	64	128	256	512
矿工 1	8.79	9.07	9.59	9.87
矿工 2	17.29	18.62	19.40	19.65
矿工 3	36.74	36.23	35.57	35.16
矿工 4	37.18	36.08	35.44	35.32

很明显,通过增加窗口大小,每个矿工生产的块的百分比更接近预期(10%、20%、35%、35%)。

如果我们允许当矿工的算力超出了其额度时以更高的难度(以 beta 为系

数)继续挖矿,会是什么样的情况呢?表3.2汇总了不同beta值的情况(假设时间窗口大小=256块)。

表3.2 允许拥有更多算力的矿工以更高的难度(beta)挖矿时区块的生产情况

beta	2	5	10	inf
矿工1	16.03	10.26	9.79	9.59
矿工2	20.28	19.61	19.50	19.40
矿工3	31.91	34.84	35.26	35.57
矿工4	31.78	35.29	35.45	35.44

当beta=2时,允许拥有少量额度的矿工生产更多的块(相对于其额度来说);当beta=5时,矿工产块占比接近beta=inf(无穷大)的情况。

(2)模拟结果2:矿工具有不同算力但有相同的额度

在这一部分中,我们模拟了5位矿工拥有不同的算力的情况。假设他们的算力分别为100、200、400、800、1 600(单位为h/s),他们都有相同的权益(20%),设定alpha=2,窗口大小仍然为256块。他们的额度也是相同的,都是40%。每名矿工实际生产块的百分比模拟结果为:

矿工1:4.01%

矿工2:8.09%

矿工3:16.22%

矿工4:32.51%

矿工5:39.18%

相比预期结果(4%、8%、16%、32%、40%),掌握最多算力的矿工的实际产率占比略小于预期值。

表3.3进一步总结了各种beta值对生成的块的百分比的影响(窗口大小

设定为 256 块)。

表 3.3 调整参数 beta 对矿工出块的影响

beta	2	5	10	inf
矿工 1	4.04	4.12	4.03	4.01
矿工 2	7.97	8.09	8.08	8.09
矿工 3	15.85	16.15	16.34	16.22
矿工 4	31.86	32.23	32.33	32.51
矿工 5	40.28	39.31	39.22	39.18

在这种情况下，当 beta＝2 时，矿工生产的块的百分比非常接近 beta＝inf。

5. 案例

了解了 POSW 的设计思路和模拟结果后，让我们回到前面提到的以太经典遭遇 51％ 攻击的例子，来看看这种含有权益的工作量证明是如何帮助以太经典避免 51％ 攻击的。为了帮助大家更好地理解 POSW 中的安全模型，本文将假设 ETC 已经使用了 POSW 共识，并以此为例讨论对 ETC-POSW 发起攻击的成本。

(1) 参数说明

首先，假设这个 ETC-POSW 网络具有 2019 年 1 月 9 日的 ETC 网络类似的系统参数。

- 全网算力：8 Th/s；
- 代币价格：5 美元；
- 当前发行量：107 407 745 ETC（数据来自 CoinMarketCap）；
- 我们还假设攻击者拥有的算力为 8 Th/s（有人怀疑对 ETC 网络攻击

所使用的算力是从 nicehash 上租来的。由于我们手头没有确凿的数字，8 Th/s 是假设所有当前的矿工都是诚实的，因此攻击者需要收集额外的 8 Th/s 算力来执行双花的攻击)。

其次，我们在 POSW 共识中采用以下参数。

- 获得最大挖矿额度需要的抵押量（期望发挥 100％算力）：所有流通代币的 5％（请注意，作为对比 EOS 约有 40％的代币正在进行抵押以获取投票权或其他权益）；
- 当矿工的算力超过了其挖矿额度将承受难度惩罚（即表 3.3 中的 beta）：20 倍高于正常难度；
- 矿工有效算力（额度）的时间窗口：256 块；
- 确认一笔交易所需的块数：30 块（ETC 被攻击前交易所通常使用该参数）；
- 如果矿工停工（要求取出押金），押金将锁仓三天（也可理解为提取押金的过程为三天）。

为了帮助大家阅读后续的内容，这里对 POSW 中的部分参数再做一个简要的注解：额度（Allowance）是矿工在任意算力估计窗口期（在本例中也就是任意的连续 256 块）中可以生成块的数量。如果一名矿工生产的块数在窗口期（256 块）里面超过额度时，则该矿工将受到难度惩罚，这时其开采一个块的难度将提高 20 倍。本案例中，获取一个额度需要抵押 107 407 745×0.05/256＝20 978 个代币。

(2) 攻击成本

接下来，让我们讨论一下进行双花攻击的成本问题。

- 如果攻击者不持有任何代币而直接开始挖矿，这意味着恶意矿工将遭受难度惩罚，因此他必须租用（或自行部署）8 Th/s×20＝160 Th/s

的算力进行攻击。请注意，这个算力值已经接近以太坊在 2019 年 1 月的全网算力（169.74 Th/s）。

- 如果攻击者有足够的代币可以用于抵押，这意味着矿工需要租用 8 Th/s 的算力并单独连续开采 31 个块（形成攻击分叉）。由于算力的评估窗口为 256 块，因此矿工至少需要 $31/256 \times 107\,407\,745 \times 5\% = 650\,320$ ETC 代币，目前价值为 320 万美元。在执行攻击后（假设攻击完成后迅速开始提取抵押的代币），这些代币还将被锁定 3 天，持有这些代币的地址很可能在这之后被冻结，因为被侦查到发动过攻击，这 650 320 ETC 将成为攻击的成本。

- 假设被双花的代币为 219 500 个 ETC（该数据来自交易所的报道①），如果攻击者想抵押的代币低于 219 500 个 ETC（也就是即使抵押的代币被没收了，还有收益），则窗口期中攻击者的额度为 $[219\,500/(107\,407\,745 \times 5\%)] \times 256 = 10.4$。这也意味着，在产生了这 10 个块之后，他还需要使用更多的算力来维持出块，算下来整个攻击需要 $[(31-10)/31 \times 8 \times 20 + 10/31 \times 8]$ Th/s，大约为 110 Th/s 算力（不要忘记还有那用于抵押的 219 500 个 ETC）。

从上面的讨论中我们可以发现，在 POSW 共识中，除非攻击者拥有非常高的算力，否则他必须抵押一些代币才能执行有效的双花攻击。如果我们在 3 天内（抵押锁定期）检测到双花攻击，我们就可以通过扣除其抵押的代币来惩罚攻击者。

至于在何种条件下可以罚没抵押代币，这属于"预言机问题"。一种可行的思路是依靠某种链上治理模式，由主要利益相关者（比如矿工和持币的人等）达成共识，一致决定扣除攻击者所抵押的代币。这一过程类似于在比特

---

① 请参考 Coinbase 交易所的博客 https://blog.coinbase.com/ethereum-classic-etc-is-current-51-attack-33be13ce32de。

币网络中达成软分叉升级协议。

可见，如果 ETC 使用了包含权益的工作量证明共识，将有助于提高其网络的安全性，显著地增加双花攻击的成本。以上分析表明，如果 ETC 使用了 POSW 共识，再次发生类似 2019 年 1 月的双花攻击，攻击者需要至少具有 110 Th/s 算力或是 650 320 个 ETC（价值 320 万美元）加上 8 Th/s 算力，这些都远远大于当前对 ETC 网络发起攻击的成本（8 Th/s 算力）和收益（219 500 个 ETC）。

3.5 哈希算法与抗优化

1. ASIC 优化的弊端

在"区块链性能提升不可能三角"中，站在性能提升的对立面的有安全性和去中心化。在上一节中我们介绍了可以采用 POSW 来提升 POW 共识的安全性。这一节我们将聚焦 POW 的中心化问题。关于中心化带来的危害我们在 DPOS 共识的讨论中有所涉及，需要注意的是，DPOS 共识的支持者认为工作量证明共识要更为中心化。他们认为比特币挖矿过程主要是由 ASIC 矿机来完成的，这种矿机的设计、制造、销售以及最后以矿池的模式来运行，都使得比特币丧失了去中心化的特性。这其中的关键是针对 SHA256 算法开发的 ASIC 设备计算效率（从每焦耳能量支持的哈希计算次数来评估）比普通 CPU 设备高 1 000 多倍，所以对通用计算设备形成了明显的挤出效应[①]。

使用 ASIC 设备会带来以下问题。

---

① 更多信息请参考 https://github.com/ifdefelse/ProgPOW，网页中总结了对目前市面上常见的哈希算法进行 ASIC 优化的收益。

- 矿机生产企业在开发出新一代高性能矿机后并不销售，而是组建中心化大矿场自行挖掘比特币。这些大矿场有可能掌握大量算力（接近或超过全网算力的一半），从而威胁整个网络的安全。

- ASIC 矿机只有少数企业生产，监管部门容易查封，控制这些企业，从而使得比特币网络被控制。

- ASIC 矿机的生产企业可能在矿机中留有漏洞。2017 年 4 月比特币矿机制造商比特大陆就被网友匿名举报其在矿机中留有名为"Antbleed"的后门。这一个后门允许比特大陆远程控制这些矿机，使用技术手段将矿机关停。

为了避免走上比特币挖矿业被 ASIC 设备占领的老路导致中心化的风险，一些区块链项目，例如以太坊专门设计了抵抗 ASIC 优化的算法 Ethash。Ethash 源自 Hashimoto 算法，核心逻辑是通过执行内存密集型操作而替代计算密集型操作，使得挖矿效率与 CPU 无关而与内存大小有关，以此来限制那些通过共享内存的方式得以大规模部署的 ASIC 芯片矿机不能有太高的效率提升。

他们的具体做法如下：

① 先依据当前区块的高度和区块头的信息算出一个种子；

② 用这个种子生成 32 MB 大小的伪随机数据集缓存；

③ 再基于这个缓存生成一个 1 GB 大小的有向无环图数据集，称为 DAG。这个数据集有一个特点，只要知道缓存就可以快速计算出 DAG 中某个位置的元素；

④ 挖矿过程就是从 DAG 中随机选择元素然后对其进行哈希计算。

缓存和 DAG 有紧密的关系，验证方可以由缓存快速计算指定位置的元素，再做哈希计算进行验证。由于随机数是从 DAG 中选择出来的，所以这个数据集需要定期更换。

这个内存需求型算法在设计之初是有用的。但随着时间的推移，摩尔定律发挥作用，内存的价格下降了，配备了大量内存的 Ethash 专用矿机在 2018 年也被设计出来。在比特大陆开发的 Ethash 矿机 E3 中，单颗运算芯片配备了 4 GB 的内存，整台矿机中内存容量高达 72 GB。这台设备可以提供 180 Mh/s 的算力，功耗仅为 800 W，性价比超过了显卡设备。这台矿机的出现引发了抵制的声音，以太坊社区有人提出修改挖矿算法让 E3 矿机失灵。

这样的例子在其他公链中发生过。在比特大陆开发出了针对门罗币 cryptonight 算法的专业矿机 X3 后，门罗币的开发者制订了的紧急软件升级计划。最终在 2018 年 4 月 6 日，门罗币区块高度 1 545 200 完成分叉，使得无法适应本次升级的专业矿机只能去挖分叉链。在这次事件之后，门罗币团队甚至决定每两年升级一次算法，以抵抗潜在的 ASIC 矿机。

2. 基于顺序统计的哈希算法

在 Ethash 算法的启发下，我们提出一种新的算法：基于顺序统计的哈希算法（Oshash），旨在通过限制 ASIC 的并行计算能力，来抵抗 ASIC 对挖矿效率的提升。为了帮助大家理解我们的设计思路，先一起来看看 ASIC 的优化是如何进行的。

一组固定指令实际上可以被分解成一个电路流水线，因此每个时钟周期（有时是多个周期），ASIC 可以同时求解多个输入值的哈希值。例如，$a+b+c+d$ 的指令可以被流水线化，使得每个运算周期可以同时计算 3 个不同的输入，例如，①$a0+b0$；②$b1+c1$；③$c2+d2$。

因此可以在 ASIC 中建立多个电路逻辑，同时并发地计算多个指令。上文的 $a+b+c+d$ 指令可以被设计为 $(a+b)+(c+d)$，将在 2 个周期中完成计算。

目前，这种流水线化的思想还被广泛地应用于诸如 x86 之类的现代处理器中，这些 x86 中具有分支预测器[①]和流水线微处理器。一种避免计算流水线的方法是执行多个 if-then-else 命令，然后在不同的分支上执行不同的代码路径，这使得流水线和分支预测变得很难。

为了打破执行过程的并发性，我们可以考虑采用于状态依赖的思路——任何未来的指令都依赖于当前状态，而这种当前状态可以频繁地被改变，这意味着我们不能预先执行下一步指令。

根据这一思路，我们提出了顺序统计哈希算法。该算法试图打破流水线，使代码的执行路径变得更加随机。在介绍这种新算法之前，让我们重新回顾一下 Ethash 算法的核心内容，从代码角度看看 Ethash 是如何生成一个哈希值的。

Input：
- state：128-byte state
- datablock：an array of large amount of data, each data is 64 bytes
- H (x, y)：a fast hash algorithm, x and y has the same size, return the hash value with the same size as x
- R (x)：return a 32-bit random integer derived from x

Algorithm：
for i in range (64)：
　　p = R (state) % (len (datablock) - 1)
　　newdata = [datablock [p], datablock [p + 1]]
　　state = H (state, newdata)
return state

[①] 更多信息请参考 Branch preditor，Wikipedia，https://en.wikipedia.org/wiki/Branch_predictor。

Oshash 算法的初步方案如下。

Input:

- state: 128-byte state

- datablock: an long array with each entry being 8 bytes

- H (x, y): a fast hash algorithm, x and y has the same size, return the hash value with the same size as x

- R (x): return an 64-bit random integer derived from x

Algorithm:

```
for i in range (64):
    p = R (state) % len (datablock)
    newdata = []
    for j in range (128 / 8):
        newdata = newdata.add (datablock.find_by_order (p))
        # Remove the pth smallest element from datablock
        datablock.remove_by_order (p)
        # Add a random data to the datablock, e.g.,
        # datablock.insert (R ( [newdata [end]]))
        # Find the next index, e.g.,
        # p = R ( [state, p]) % len (datablock)
    state = H (state, newdata)
return state
```

通过对照,我们可以看到 Oshash 算法与 Ethash 算法有以下关键差异:

① Ethash 算法是根据随机索引数 p 去寻值,而新算法根据第 p 位的最小值去寻值;

② 在读取了 datablock 变量中的一个数据后，该数值将被删除，新的随机数值将被插入 datablock 中。

由于 datablock 是一个支持有序数据查找的动态列表，因此 datablock 的有效实现方式可以是一棵具有顺序统计的动态搜索树（DST，例如，AVL 树、红黑树、B＋树）。想要使用流水线来加速树的删除/插入操作是困难的，因为树的执行路径是随机的，并且高度依赖于随机输入量。

3. 性能比较

我们将对比 CPU 和 FPGA[①] 的实现对动态搜索树进行插入/删除操作的性能来初步验证以上思路是否成立。实验中，我们使用具有以下配置的 CPU，CPU 的代码可以在 QuarkChain 公开代码库里找到[②]。

- CPU 型号：Intel i7-7700K；

- OS 操作系统：Ubuntu 16.04 LTS；

- Compiler 编译器：g＋＋ 5.4.0；

- Compilation command 编译命令：g＋＋ -O3 -std＝gnu＋＋17；

- Number of threads 线程数：1；

- Number of keys 键值数：64K；

- Key type 键值类型：unsigned 64-bit random integers。

---

① FPGA（Field-Programmable Gate Array），现场可编程门阵列。它是专用集成电路（ASIC）领域中的一种半定制电路，既弥补了定制电路的不足，又克服了原有可编程器件门电路数有限的缺点。FPGA 中实现对动态搜索树进行插入/删除操作的方法请参考：Yang, Y-H. E. and Prasanna, V. K., High Throughput and Large Capacity Pipelined Dynamic Search Tree on FPGA, 18th Annual ACM/SIGDA Int. Symp. on Field Programmable Gate Arrays, 2010.

② 请查阅 QuarkChain 在 github 上的开源代码库，https://github.com/QuarkChain/pyquarkchain/blob/1bcbb7401060a63773f26aa45558c62eb770be53/qkchash/set_benchmark.cpp。

性能结果如下。

- FPGA：每秒执行 397 万个插入/删除操作；
- CPU：每秒执行 446 万个插入/删除操作。

可见 FPGA 优化并没有什么效果，不过关于这个结果还有一些补充。

- 与 FPGA 实现的搜索性能比较（每秒能完成 2.42 亿次搜索），FPGA 实现的插入/删除操作的性能要低得多，这是因为每个插入/删除操作需要更多的执行周期，而每个搜索任务可以在一个周期中完成。
- 实验中，FPGA 的性能是根据 Virtex 5 LX330 FPGA 测算的，该 FPGA 可能已经过时了。如果采用最新的 FPGA，性能可能会提升一些。
- CPU 的性能是根据单线程/单核测算的，如果使用多线程/多核，性能可能会更高。
- 本实验中 CPU 中的键值大小是 64 位，FPGA 中的是 32 位。

*** 扩展阅读 ***

如何看待 ASIC 优化？

从前面 Ethash 和 Cryptonight 的例子可以看到，一旦在某个公链挖矿是有利可图的，那么更加专业的设备就会出现。预先设计好的抗优化算法在面对硬件工业的快速发展时很可能会"过时"，如果要让一个蓬勃发展的公链在整个生命周期中都能够抵抗 ASIC 优化，那唯一的选项可能就是与时俱进的升级挖矿算法。

一个公链项目对 ASIC 算法的最大恐惧来自，一旦 ASIC 矿机被某个单一厂商制造出来，这个厂商可以自己部署这些设备从而占据全网一半以上的算力。这种局面对于采用工作量证明共识的公链是巨大的威胁，出于安全考虑这是不可接受的。

但也有不一样的声音。有人认为，矿机的出现是市场参与者理性的经济行为，是规模经济的一种表现。即使没有 ASIC 矿机，普通装载独立显卡的计算机也很难挖到代币，因为存在性价比更高的显卡矿机（显卡规模化的结果）。虽然显卡本身是通用设备，但机主们也会针对挖矿做一些力所能及的优化，比如在一个主板插入多个显卡，或者对显卡进行超频。这种超负荷工作的显卡在退役之后也做不了其他工作。门罗币高频率地修改底层的挖矿算法来抵抗规模经济，实际上损害了自己的安全性。安全风险可能来自缺乏检验的代码和可能的漏洞，也来自全网算力的快速降低。2018 年 4 月的那次分叉后，门罗币的全网算力从 1 200 MB 迅速降到了 400 MB，带来了潜在的安全隐患。

这种观点还催生出了开发支持 ASIC 优化的挖矿算法的方案。有些公链项目意识到"迟早要被优化"，于是主动迎接 ASIC 优化。这类算法使得开发 ASIC 设备的难度很低，ASIC 矿机很难被一家公司垄断，所以也不太可能出现某个厂商掌握大量算力的情况。初期就开始使用 ASIC 设备，使得网络早期就可以保持较高的算力，具有很好的安全性。这样一来还有助于让矿工保持更高的忠诚度，因为他们投资的设备除了在这条链上挖矿也干不了别的事情。不过要让硬件厂商开发某种刚上线公链的 ASIC 矿机其实并不容易，从芯片设计到最后的量产，整个流程需要时间和金钱。而挖出的代币价格却会随着市场大幅波动，这给厂商收回投资带来了巨大的风险。

那究竟 ASIC 优化是好还是不好呢？或许没有简单明了的答案，又或许在区块链网络发展的不同阶段会有不同的答案。不过我们可以从这个问题的源头来思考。毫无疑问，去中心化是区块链的重要特质，如果 ASIC 优化直接威胁到了这一个特质，那么就要旗帜鲜明地反对；如果没有，那么 ASIC 优化会给整个网络带来某些好处（比如提高能源利用效率），是应该支持的。

3.6 拜占庭将军问题

1. 和通信有关

从网络通信的角度看，比特币采用工作量证明是为了解决拜占庭将军问题，所以只要能够解决这个问题的方案都有可能成为区块链网络中的共识协议。首先，让我们了解一下何为拜占庭将军问题。

拜占庭帝国是一个古老的帝国，有一次他们想攻打另一个国家，派出了 3 支军队准备发动战役。这 3 支军队约定，互相依靠骑兵通信传递指令，约定同时进攻，只有同时出击才能获胜。但如果其中有一支军队叛变，传递错误的信息，他们还可以约定好同时进攻来取得胜利吗？

很遗憾，这是不可能的。因为叛军将军 A 有办法误导 B 和 C。B 将军向 A 和 C 同时发出消息，约定明日上午 9 点同时进攻。A 收到 B 的消息后，给 C 发布不实消息，说自己收到的消息是明日下午 4 点进攻。收到了不同指令感到迷茫的 C 很可能按兵不动。最终结果是 A、B、C 三人无法约定进攻的准确时间。

这其实不是历史故事，也并非兵法案例，而是网络系统专家兼讲故事能手 Leslie Lamport 在 1982 年研究网络通信中遇到的一个难题，为了便于理解，他用讲故事的方式表达出来。

拜占庭的例子中，当网络存在 1/3 的叛军时，网络的通信就出现了致命问题，难以实现一致行动。那么有更多的好人呢？如果有四个将军，其中只有一个叛军，这样的情况下如何准确地传递指令发起进攻呢？

2. 口头协议

他们可以通过口头协议的方式实现统一行动。A、B、C、D 四位将军正在商议共同进攻的时间，A 将军向其他三人发送信息"约定明日上午 9 点同时进攻"。B、C、D 每个人收到信息后都要向其他人传达所收到的信息。这样每个人都有 4 条信息（包括自己写好发给其他人的信息）。接下来每位将军只要根据收到的信息里大多数约定的时间发起进攻就可以，避免叛军干扰。口头协议能够有效有三个前提：①每条信息可以被准确地接收；②接收者知道发送者的身份；③未发出信息者的身份可以被知晓。

逻辑已经说清楚了，作为一个算法实际上要做多轮运算，而且要应对的情况也更为复杂。为了便于理解，我们把最早发出消息的人叫作大将军，其他人叫作副将。大将军的指令简化为 T＝"攻击"，F＝"撤退"，假设网络中有 7 个参与者，2 个叛军（大将军不是叛军）。整个通信过程可以分为多个轮次。

第一轮，大将军给所有副将发送指令 T。

第二轮，副将为了验证指令彼此发送消息，此轮之后副将手里的消息为 (T, T, T, T, T, F, F)，可以按大多数指令发起进攻。

上述情况两轮通信之后就可以做出判断。但如果大将军本人是叛军情况就要复杂一些，可能两轮消息之后还无法判断，需要更多轮次的通信（情况见图 3.8，黑色表示叛军）。

第一轮，大将军 0 给所有副将随机发送指令 T，F（因为他是叛军）。

第二轮，副将彼此发送消息验证。此轮过后，副将 1 到副将 6 手里的消息如图 3.8 所示。有些人手里的信息可以做出判断，比如副将 3（FTFTFF），其中 F 占多数；有的人却不行，比如副将 1（FTFTFT）。

第三轮，副将 1（也可以是其他副将）为了预防大将军是叛军或者怀疑副将 2 的身份，于是询问其他人，在上一轮副将 2 发给他们的消息是什么，依此类推，所有人完成次轮消息传递。我们用副将 1 收到的消息为例做解释。"T2TTTT" 表示副将 2 号上一轮发给副将 1 的消息是 T（第一个 T），"2" 表示该列消息是副将 2 发出的。数字后是本轮从副将 3、副将 4、副将 5、副将 6 收到的对于问题 "副将 2 上轮给你们发的消息是什么" 的结果。依此类推，在副将 1 的图标下面依次列出了针对副将 2、副将 3、副将 4、副将 5、副将 6 的询问的答案，其中有叛军故意提供不实消息。

T2TTTT

F3FFFT

T4TTTF

F5FFFF

T6FFFT

这些消息中 F 有 13 个，占到了 52%。

同理，副将 2 在整理第三轮的消息后，发现 F 占到了 72%；副将 3 发现 F 占到了 56%；副将 4 手上 F 占到了 56%，副将 5 发现 F 占到了 52%，由于副将 6 是叛军，我们不做讨论。副将 2、副将 3、副将 4、副将 5 根据收到消息的大多数意见（F 占主体）决定撤退，达成一致行动。

口头协议可以给出上面情景的解决方案，但这种方式沟通的工作量非常大。在仅仅由 4 个将军构成的网络里，前两次通信数量达就到了 12 次，消息条数为 16 条。如果网络的参与者很多，工作量会呈几何级数的增大。另外，既然是口头协议，消息不可溯源，很难查出叛军。

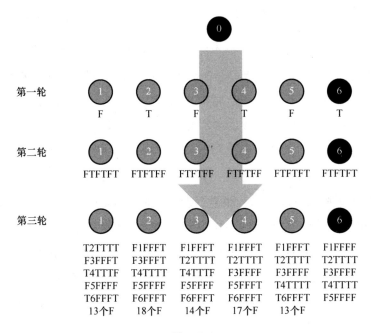

图 3.8

3. 签名

比特币中的非对称加密技术解决了这个"查出叛军"的问题。使用比特币网络的将军都有一对秘钥：一把公开的公钥，一把自己保管的私钥。用 A 将军私钥加密的消息需要 A 将军的公钥才能解密；用 B 将军公钥加密的消息要用 B 将军的私钥才能解密。由于加密和解密需要两个不同的钥匙，所以这个技术被称为非对称加密。虽然公钥和私钥有数学上的相关性，但知道公钥并不能算出私钥。这一技术的运用解决了消息传播的私密性问题和身份确认问题，让消息的接收方能确定发送方的身份。A 将军给 B 将军发送明早 9 点进攻的约定，为了防止走漏风声用 B 的公钥对"明早 9 点进攻"内容加密，另外为了让 B 将军知道自己的身份，他同时在落款处用自己的私钥 A 加密"A 将军"的签名。B 将军收到这条密文后，可以用自己的私钥解密知道"明早 9 点进攻"，同时用 A 的公钥解密看到"A 将军"的签名，确定这是来自 A

将军的消息。这就是非对称加密技术可以被用于身份确认的背后逻辑。

当A、B、C、D四位将军分布在不同区域时，每个人可能有不同的进攻时间的建议，A可能觉得9点好，B想要下午3点，C和D还有其他的想法。为了解决这个问题，他们使用比特币网络来达成共识。四位将军先分别按照工作量证明的逻辑做哈希计算，最先算出来的人可以发号施令。我们假设A将军最先得到符合要求的哈希值，他把"明早9点进攻"和所计算出来的哈希值分别用B、C、D的公钥加密（成为三条密信）后并用自己的私钥进行签名。收到消息的B、C、D解密消息后确认哈希值是对的，应该听A的，于是就按A的要求行动。这个系统中，只要叛军的数量不超过50%，系统就可以正常工作。当然，B将军还可以在该消息末端，用自己的私钥加密"我同意"之后再发给C将军。C将军看了之后，发现D将军还没有签名，就签名之后发给D将军；D将军看到B和C都签名了，就把信息签名后发回给A、B、C。这样每个人都可以保存一份完整的签名记录。

其实比特币的签名机制除了解决拜占庭将军问题，还有助于解决有一定相关性的两军问题。两军问题是说：A将军的城池被B将军包围了，C将军前来救援。A要和C进行通信，约定同一时间攻击B瓦解包围。但无论是A的通信兵还是C的通信兵都需要越过B的阵地传递消息。如何才能信任通信兵带来的消息呢？通信兵会不会被B逮捕了或是策反了呢？这就是两军问题。

A将军派出通信兵给C传信"明早9点出击"，由于担心通信兵无法通过敌人的阵地，要求C给自己一个答复，因为作为守城者贸然出击就会导致丢城。C将军看到消息后，回复了一句"同意明早出击"，但C并不敢确定A能收到自己的信息。如果A收不到，有可能A会以为自己并不同意或不知晓明早9点出击的安排，A就不会出击。C也要求A收到消息后再给自己一个回复。看起来很可笑，A和C在面对通信兵进入B所控制区域的恐惧中使得要在A和C之间达成100%一致成为不可能，可怜的通信兵要无数次穿越火线。两军问题其实是在思考一个通信系统在面对不可知的网络环境时，如何确保数据被正确传输。比特币中的非对称加密技术为数据保真提供了重要思路。

第 4 章 分　　片

我们希望区块链网络能提供人们快捷的交易体验，在这个领域里中心化支付系统的代表——支付宝，在 2017 年 11 月 11 日已经可以提供 200 000 TPS 以上的处理能力。那我们是不是应该看看中心化的系统是如何做到的呢？或许他们的经验能够给我们一些有益的启发。

其实中心化的支付系统也面临着新的挑战。时至今日，中心化系统已经能提供很高的 TPS，但由于用户的需求不断增加，可扩展性仍然是经常遇到的关键问题。为了满足所有互联网用户的需求，以谷歌、Facebook 为代表的一线互联网公司、开源软件社区的工程师和学术界相关领域的科学家在提高网络的性能、塑造可扩展性方面花费了巨大的精力和大量的资源，开发出了多种扩容方法。其中涌现出一批著名的项目，如谷歌文件系统、BigTable、Hadoop、Cassandra。

既然过去在扩容领域已经有了经验，那么我们的问题变成如何才能使用好上述技术来解决块链世界中 TPS 不足的问题，使其能满足各种商业场景的需求。需要注意的是，在这些中心化系统中采用的扩容技术很多都并不适合去中心化的网络。为了保护好区块链网络的去中心化和安全性等核心价值，开发者必须仔细选择最适合的扩容技术，并将这些技术集成起来，不断调整，使其能满足去中心化的网络要求。

这也意味着在去中心化的网络中扩容没有太多的先例可循，一个区块链团队必须从头开始设计并构建网络的基础设施，以满足区块链应用的需求。这将是非常困难的工作。也正是因为市面上没有采用状态分片的公链项目可供我们观察（个别项目有发布测试网，但还没有主网上线并平稳运行的），所以在本章中为了帮助大家理解如何在区块链中实施分片扩容方案，我们将以自己最熟悉的 QuarkChain 项目作为例子来进行剖析。本章中有很多我们自行设计并开发的全新技术，为了能清晰地展示给读者，我们在讨论中会涉及很多具体的细节。

QuarkChain 团队是由来自谷歌、Facebook 和优步的高级软件工程师组成的，团队有多年设计、搭建、测试、维护和优化具有高可扩展性系统的丰富经验。这些宝贵的经验使团队能够以非常快的速度开发 QuarkChain 网络，并在项目开发的早期避开在中心化系统中已经出现过的许多陷阱和困难。

不过要想用好过去的经验，还是让我们先回顾一下中心化系统的扩容历史，看看都有哪些经验。

4.1 中心化世界的扩容经验

在互联网时代到来之前，为了满足对计算性能不断增长的需求，人们主要采用垂直扩容的方案来提升系统性能。垂直扩容的基本思想是通过增加更先进、通常也是更昂贵的硬件设备来改进单个节点的性能，这里列出一些常见思路：

- 为解决计算瓶颈问题采用更快的 CPU；

- 为解决内存/缓存不足的问题添加更多内存；

- 为解决存储不足的问题添加或使用更大容量的硬盘。

2000 年左右涌现出了一批垂直扩容领域的专家和著名公司，比如，以数据库著称的 Oracle、以工作站著称的 SUN、以高性能存储闻名的 EMC。

垂直扩容的主要好处是，当系统性能不足时只要对单个节点投入更多的资源就能见到效果，实施相对简单。然而，这个方案有以下两个主要缺点。

(1) 前期投入成本很高。EMC 入门级设备比普通的商用个人计算机昂贵得多。

(2) 当性能提升到一定水平时，通过垂直扩容方案提升性能可能是代价不菲的。由于硬件资源的物理限制，垂直扩容方案中提升两倍的性能所花费的代价（费用）通常大于两倍。例如，根据 ark.intel.com 网站 2018 年 6 月 11 日的报价，英特尔 Xeon E5-1620 V4 处理器具有 4 个核，其中每个核的频率为 3.80 GHz，总价约为 300 美元（总计 15.2 GHz，每 GHz 的价格为 19.7 美元），而英特尔 Xeon E5-1680 V4 具有 8 个核，每核的频率为 4 GHz，价格高达 1 723 美元（总计 32 GHz，每 GHz 的价格为 53 美元，单位计算能力的代价是前例的 2.5 倍左右），具有更强计算能力的芯片其单位计算资源的价格成倍提升。

随着互联网应用的爆发性增长，用户数量随着时间的推移呈几何级数增长，继续通过垂直扩容方案来为一直增长的用户提供服务变得非常昂贵和困难。为了满足全球网络用户的使用需求，谷歌和 Facebook 等大型互联网公司开始采取水平扩容的方案：通过使用普通的计算机构建大规模分布式系统来解决这个问题。水平扩容方案有两个重要的优势。

(1) 前期成本降低。一个新的项目在早期只需要少量的节点就可以满足其初始用户的需求，投资较少。

(2) 线性扩容。可以通过增加更多的节点，实现系统性能的线性增加。这意味着随着用户数量的增长，系统容量可以通过不断增加节点有计划地按需扩容。

目前世界上已经有一些著名的系统是按照这一思路设计的，它们提供了巨大的处理能力，同时维持着优秀的可扩展性。比如：

- 谷歌文件系统（普通存储）；

- 谷歌的 BigTable (key-value 存储)；

- 谷歌的 MapReduce（计算）；

- Hadoop 以及谷歌的一些开源项目，包括 HDFS、HBase、MapReduce；

- Cassandra (key-value 存储)。

水平扩容中所使用的一个关键技术是分片（Sharding），通过将整个系统状态划分为多个相对独立的子状态，构建多个节点组成的集群来并行处理每个子状态，实现性能提升。根据分片方案的思想，人们可以通过在集群中加入更多的节点，以及增加分片（Shard）来线性提升系统性能。

为了提升性能，人们在中心化世界中已经做出了大量尝试，这些案例为我们在去中心化的区块链网络中提升性能提供了非常好的参考。这些经验表明，由于 P2P 网络和单个节点本身的物理约束，区块链垂直扩容方案将会遇到与中心化系统垂直扩容类似的挑战。而水平扩容方案已经在中心化系统中取得了巨大成功，相信这一技术路线也能搭建出可以满足全球商业需求的高性能公链。

区块链水平扩容的基本思想是将单根区块链的状态划分为多个子状态。每个分片一方面可以相对独立地处理交易，另一方面能够无缝地与另一个片上的数据进行交互。这样一来，通过增加网络中的分片数量，整个区块链网络的吞吐量将会线性增加。接下来，就让我们仔细讨论一下在区块链中如何实施分片。

4.2 区块链中使用分片

在现有的具有可扩展性的解决方案中，分片技术是实现水平扩容的常用方案。分片的基本思想是将全局状态分成多个子状态，每个分片相对独立地处理数据。因此通过合理的分片设计，系统的吞吐量能够随着分片数目和处理器（节点）数量的增加而增加。换句话说，系统的容量和分片数目、处理器数量成线性相关。

不过，在使用分片技术前，我们需要先澄清一些关键问题。

1. 什么是全局状态以及如何更改状态？

在一个分布式 key-value（KV）存储系统（例如 BigTable、Cassandra）中，系统状态是从任意字节（键）到任意字节（值）的映射。改变系统状态的操作包括：创建（Create）、读取（Retrieve）、更新（Update）和删除（Delete），合称 CRUD 操作。

另一个例子是分布式文件系统（例如，谷歌文件系统（GFS）、Hadoop 分布式文件系统（HDFS））。在这类系统中，系统状态是一组目录和文件，它们相对应的操作分为两组：对于目录有创建、删除和列出操作；而对于文件有打开、追加、读取和关闭操作。一个区块链网络中，什么是全局状态呢？

2. 如何将系统状态分片，以便正确有效地实施所有操作？

分片方式对系统性能会起关键作用。如果分片不当，系统性能反而会大打折扣。我们在设计分片时有几个问题要考虑。

(1) 分区状态的选择问题：系统状态中的哪些部分需要被分片？为了简化系统模型，我们应该在分区系统状态中满足：①数据量过大而不能在单个节点上运行；②需要非常高速的操作。而对于那些尺寸足够小，操作不是很频繁，可以在单个机器中运行的部分，我们就不需要对这部分进行分片。比如，早期版本的 GFS／HDFS 仅对文件中的数据进行分区，而不对目录进行分区，因为目录的数据量与文件中的数据量相比相对较小，并且目录操作也不是很频繁。

(2) 确保操作（交易）语义：如何将系统状态分区以满足操作语义？一个关键是原子性。如果一个原子操作需要改变多个分片中的状态，则这些操作需要分片之间的适当协同（例如，通过分布式锁定），这样可能会付出很大的代价。因此，此类操作不仅很难从分片技术中受益，还可能导致性能下降。为了避免此类问题，大多数现代分片系统在一个分片中支持原子批处理操作，并把复杂的多分片原子性问题交给上层应用程序来处理。

(3) 负载/大小的均衡：如何对系统状态分区得到满足：①所有分片的负载在统计上均匀分布；②分区系统状态的大小在统计上也均匀地分布在所有分片上。实现这两点是线性扩容的关键条件，只有在保证添加更多分片后，负载和状态大小能均匀分布，我们才可以通过添加更多节点来线性增加系统容量以形成新的分片。这里请注意，如果状态系统分布与用户操作模式高度相关，而用户操作模式随时间发生很大变化，则可能导致临时的或永久的负载失衡。

(4) 重新分片：重新分片包括如何添加更多分片，以及新节点如何能够为新分片提供服务。添加更多分片后，新分片将包含旧分片中的某些状态，也就是说这些状态将被迁移到新节点。重新分片期间的迁移可能需要一些时间并暂停现有的服务。此外，我们还需要确保支持的操作语义在重新设置（重新分片）之前和之后是相同的。

为了更好地理解上述问题，让我们先回顾一下现在的系统模型以及当前的区块链分片方案所面临的技术难点。首先来分析一个类似于以太坊的基于账户的区块链，其中系统状态其实就是从地址到其账户数据的 key-value 映射。这里有两种类型的地址：用户地址和智能合约地址。

用户地址账户数据里包括：

- 余额；

- 一次性随机数；

- 代码；

- 存储。

其中，代码和存储两项在用户地址里置空。

根据 CRUD 操作的各种组合可以支持两种类型的交易。

其一，在两个用户地址之间转移交易，用来更新发件人的两个地址的余额和发送者的随机数。

其二，智能合约的交易，包括：

- 更新发送者的随机数；

- 更新多个用户地址里的余额；

- 通过 call 和 delegatecall 更新智能合约的余额和存储；

- 创建多用户地址及相应的账户数据；

- 创建多个智能合约。

与现有中心化系统的扩容解决方案相比，值得庆幸的是区块链的系统状态与分布式 KV 存储（如 BigTable 和 Cassandra）完全相同；然而，不幸的是区块链的交易语义比简单的 CRUD 操作复杂得多——智能合约交易可能会对系统状态的所有 key-value 映射执行任何 CRUD 操作。如果将状态划分为不同的子状态（分片），那么确保跨多个分片的操作的原子性将非常困难（大多数时候是不可能的）。因此如何划分区块链的账簿是区块链分片面临的根本问题。

此外，去中心化的系统还将面临其他的挑战，因为我们需要建立适当的共识，以安全的方式处理所有分片中的交易。新的分片共识有遭到攻击的可能性，如果不对潜在的攻击进行全面深入的分析，分片可能很容易受到攻击，从而导致整个网络被破坏。

除了共识方面的挑战之外，分片的另一个常见问题是如何确保分片之间的互操作性，即如何进行跨片交易。这里的关键点是跨片的可用性，即用户应该能够访问整个网络的所有资源，包括所有分片上的智能合约和其他用户进行交互。如何开发高效安全的跨片交易是区块链最终成功实现分片扩容的一个关键。

在了解了这些要点之后，我们将以 QuarkChain 为例来详细介绍在区块链中是如何实施分片的。

4.3　QuarkChain 的状态分割

1. 分片方案的总体设计

以现有的区块链模型为基础，我们将从以下几个关键点来设计 QuarkChain。

（1）智能合约的状态分割。QuarkChain 将智能合约进行状态分割，也就是将智能合约放置在不同的片中。智能合约包含代码和存储的数据，因此会比普通的用户账户大得多（例如，一个 ERC20 合约包含了大量地址和余额的对应映射）。

(2) 普通账户的状态分割。QuarkChain 不分割用户的账户,这样用户可以轻松地通过跨片交易将其账户状态(主要是余额信息)转移到某一个片中。这允许用户只需要一把私钥就可以访问所有分片中的全部资源(包括部署在 QuarkChain 上的全部智能合约)。

(3) 原子性。每一个智能合约都有一个片值(在我们的代码库中命名为 fullShardId),在所有具有相同片值的智能合约上进行的任何批处理操作都将保持原子性。此外,我们还将禁止一个智能合约去访问具有不同片值的智能合约。

(4) 负载平衡。假设智能合约的片值是均匀分布的,那么智能合约也将被均匀地分布在不同的片中。

(5) 网络可以再次分片。为了降低再分片产生的迁移成本,我们会根据智能合约的片值把相应片分割成两个新的片。这可以避免对原先片上的数据进行迁移,从而简化了再分片过程。

(6) 再分片前后,智能合约的功能不变。需要保证再分片不会影响合约本身的功能,再分片前后读取同一个合约将得到相同的值,写入一个合约也将得到同样的状态变化。

2. 系统状态的分割

为了维护在 QuarkChain 进行 CRUD 操作的原子性,QuarkChain 将一串 32 位的片值添加到每个地址中来重新定义账户和智能合约的地址:

Address:= RIPEMD160 (Public key) + Shard key

这里的"+"是笛卡尔积运算符。当前,QuarkChain 的地址是 192 位的字符串,地址的前 160 位作为接收者(Recipient)的主地址。

QuarkChain 网络中分片的数量是 2 的 n 次幂,再分片操作将使网络分片数量增加一倍。确定分片的数量（Shard size）后，分片的索引如下：

Shard Id ：= Shard key % Shard size

片中的状态是 key-value 映射，其中 key 是 Recipient 地址，value 包含如下信息：

- 余额（Balance）；
- 一次性随机数（Nonce）；
- 代码（Code）；
- 储存数据（Storage）；
- 片值（ShardKey）。

设立好片值，key-value 对一旦建立就不可更改。通过更换地址中的片值，用户能够用单个私钥来管理所有分片中的地址。

3. QuarkChain 中的转账

(1) 余额传递类交易

余额传递类交易中的关键参数是发出地址和接收地址，传递过程中有以下两种情况。

- 片内交易：如果发出地址和接收地址都有相同的片名（即使片值可能不同），则当前交易是一个片内交易，这样的交易只会改变同一片中接收者的余额。

- 跨片交易：如果发出地址和接收地址具有不同的片名，则这个交易是一个跨片交易，为了确保交易的原子性，我们需要进一步协调交易的过程。幸运的是，这类交易要比跨链交易简单得多，因为两个片都支持相同的加密币。跨片交易的细节将在后续的文章进行讨论。

(2) 智能合约相关交易

与智能合约相关的交易都是片内交易,即发出地址的片名和接收交易的智能合约的片名必须相同。智能合约可以调用另一个具有相同片值的智能合同（这种情况需要提供另一个智能合约的接收者。EVM 中的地址、EVM 的代码中的地址都需要能向后兼容性）。如果智能合约处于不同的片中,该调用将失败,这种调用动作相当于使用如下的代码访问一个智能合约:

PUSH 0x0

DUP1

REVERT

无论系统状态是如何划分的,具有相同片值的智能合约将总是被划分到相同的片中,智能合约的功能（进行读/写操作）将能保持一致（如果想了解这个部分的更多细节,请关注我们的后续文章）。

4. 再分片

再分片操作会将每个分片再分成两个片,因此分片的数目会增加一倍。片的数目增加之后,账号/智能合约的片名中将会增加额外的标识字符用于区别。假设用户账户/智能合约的片值是呈现均匀分布的,那么一半的账户/智能合约将会被划分到新分出的 1 号片中,剩下的一半在 2 号片中。此外,一个新生的片可能包含另一个新分出的片的智能合约,这种情况将通过使用 REVERT 命令替换原有的代码并清空其存储内容。这些操作确保新分片中的智能合约即使处于相同的片中,如果片值不同,也不能彼此调用。

如果现有的节点没有足够的能力来处理新增分片的事务,新的节点可以加入网络。新增的分片可以迁移到新增加的节点上,从而系统整体容量可以随着分片和节点数目的增加而不断增加。我们后续也将有专门的文章来讨论集群的设计。

5. 如何选择片值

在 QuarkChain 的设计中，确保负载均衡的一个关键是把所有智能合约均匀地分布到所有片中。由于在创建智能合约之后片值是不可变的，所以创建过程中片值的选择非常重要。

如果要创建的智能合约需要调用其他智能合约，则片值必须与调用的智能合约的片值相同。如果一个智能合约不依赖于任何其他合约，则用户可以自由选择片值，或者采用一些简单规则来生成片值，比如：

- 随机生成；

- 采用发出地址的接收者中的任意 32 位字符；

- 或者钱包的 IP 地址。

前两种情况应该会使得片值的分布趋于均衡。假设网络中有成百上千个片，则会产生一些问题。这可能会使得调用智能合约的用户需要频繁地使用跨片交易，或是在多个片中保有余额。这样一来就降低了网络的工作效率，牺牲了用户体验。

通过将一类智能合约根据地理信息分组，使用钱包的 IP 地址来作为片值，可以避免这个问题。当用户调用智能合约的场景是与地理信息相关的（例如，经常到某个实体商家购物）时，用户可以在需要高频发生交易行为的商家相关的片中保留余额，从而避免了频繁的跨片交易，简化账户管理，提升使用体验。

6. QuarkChain 与谷歌 BigTable 的比较

QuarkChain 的分片设计受到了谷歌 BigTable 项目的启发。两者有很多相似之处，因为它们都是对 key-value 进行存储，表 4.1 进行了详细的对比。

表 4.1　QuarkChain 与 BigTable 的设计思路对比

	QuarkChain	Google BigTable
分片依据	片值（Shard key）	行值（Row key）
数据索引	Recipient=>Account data mapping	Column=>Data mapping
原子性	具有相同片值才可执行智能合约	具有相同行值才可执行批量操作
跨片交易	原生支持余额划转	不支持
再分片	通过在原来的片值中增加额外的有效位来分片	通过在行值区间中寻找中位行值进行再分片。如果临近的片太小，则可以组合起来

除了上面提到的相似性之外，QuarkChain 与 BigTable 的主要区别如下。

（1）QuarkChain 在设计之初就支持跨片交易，可以将一个片中的账户余额快速地转移到位于另一个片中的账户中，而 BigTable 并不支持跨行事务。

（2）如果 BigTable 中的表格很小，则可以将两个相邻的表格（类似我们说的片的概念）合并成一个格。但类似合并操作很少用于区块链中，QuarkChain 并不需要合并操作。这样也简化了我们的设计，避免了一些可能遇到的威胁和攻击（如重放攻击）。

在了解了初步的分片方案后，我们要重点讨论以下两个问题。

① 分片间的共识如何达成？

② 如何进行跨片交易？

4.4　片间共识

当我们通过分片获得了多个子状态，并通过执行片内交易或跨片交易来改变这些子状态时，一个重要的问题是如何建立一个高效的系统来存储子状态并处理这些交易。在诸如 Google BigTable、Apache Cassandra 等传统中心化系统中，这些工作通常是通过一个大型分布式系统来实现的。然而，在去中心化的世界里，由于每个（全）节点都需要维护同一区块链上的全账本，任何一个节点都可以把一系列会改变账本状态的交易打包成区块发布出去。因此，我们需要这些节点对以下几个重要问题达成共识。

（1）谁能生产区块（成为区块制造者（BP））？在工作量证明机制里，BP 就是所谓的矿工，他们通过重复计算区块的多个哈希值，并找到哈希值满足难度要求来出块。

（2）如何将一个区块传播给所有节点？在比特币和以太坊区块链中，一个区块会被传播在一个没有中心化管理员的 P2P 网络中。

（3）如何以明确的方式来检查一个区块的有效性？当每个节点通过广播接收到一个新的区块后，需要一个明确可行的方案来检查由 BP 产生的这个区块是否有效。

（4）如何处理分叉？当多个 BP 同时在同一个账本上产生多个具有相同高度的区块时，区块链就被分叉了。这时候需要有一种机制，使得一段时间之后，所有节点最终能够有非常高的概率消除分叉并且达成账本的一致性（维护同一条区块链）。

基于以上考虑，我们需要设计一种分片间的共识算法来保障分片网络的正常运转。我们仍以 QuarkChain 为例，QuarkChain 为分片之间设计了玻色子共识。玻色子是一个传递作用力的基本粒子，和夸克有着天然的联系。使用这个名字，也体现出 QuarkChain 团队对这一创新共识在高性能 QuarkChain 中所扮演的重要作用的肯定。在详细介绍玻色子共识之前，让我们先讨论一下两种针对区块链分片技术可以使用的"理想"共识，虽然这类共识并不一定在实际项目中被采用，但两种极端情况的优劣有助于我们理解一个分片网络对共识算法的需求。

1. 理想共识之一：在一条链上提升区块大小

一个理想化的共识是运行一个区块链网络，并在每个区块中包含所有分片上的全部交易。这种方案的好处是我们可以使用现在常用的共识算法（比如工作量证明（POW）或者委托权益证明（DPOS），甚至可以直接使用它们的代码）。此外，我们可以采用多线程甚至集群的方案来提高每个块的处理速度，这对于执行一些非常耗时的操作（例如，运行虚拟机）非常有帮助。如果网络中的分片数量为 N，通过部署适当的全节点，网络的处理速度可以提高 N 倍。

然而，打包所有交易意味着块的尺寸可能非常大。假设我们采用出块间隔为 600 s 的工作量证明共识算法，为了达到 10 kTPS 交易处理能力，每一个块大小约为 10 k（TPS）×600（块间隔）×200（交易大小）＝1 GB（根据比特币真实的数据，我们假设平均每笔交易大小为 200 B）。这个数字比当前比特币区块大小提高了 1 024 倍。如果网络中的节点数量很多，BP 随机地分布在世界各地，那么从一个 BP 传播 1 GB 大小的区块到其他 BP 可能需要相当长的时间，因此废块的产生概率会显著增加，这是很不利的。

解决大区块传播耗时问题的一个方法是限制网络大小（特别是控制好 BP 的数量），并且让 BP 相互直接连接。这种方案的一个典型例子就是 DPOS 共识：仅选择 21 个节点来产生区块，并且这 21 个节点通过良好的网络彼此连接。这个方案减轻了区块传播时延的问题，然而限制 BP 的数量使得这一网络有违去中心化的设计理念。

2. 理想共识之二：多条链并行

另一个理想共识是并行地使用多条区块链来运行分片。例如，系统运行 N 条块链（N 是分片的数量），每个分片就是一条区块链，它们存储自己的账本，并在一个分片中处理各自的交易。节点可以自由地加入任何块链并在其中挖矿。由于只需要在一个有限的区块链网络中广播和处理区块，该条区块链中的区块大小可以小得多。

然而，多条区块链并行也暴露出几个明显的缺点。假设每条区块链都采用目前最为常用的去中心共识机制：工作量证明共识，那么整个系统将面临算力稀释的问题——如果系统中存在 N 条区块链，则分配到每一条区块链的哈希算力只是全网算力的 $1/N$。因此，作恶节点只需要收集 $1/(2N)$ 以上的算力就可以实施双花攻击，这就极大地降低了整个网络的安全性。

除了安全问题之外，另一个问题是如何安全并且有效地执行跨片（链）交易（比如，如何把存放在一个分片上的余额传递到另一个分片）？如果采用理想共识二的机制，这种跨片交易可能非常耗时且不安全。为了防止对跨片交易实施双花攻击，当我们要使用转入分片 B 的代币时，需要发出这些代币的分片 A 相应的转出交易（对应于转入分片 B 的交易）有相当程度的确定性 (Finality)。工作量证明通常仅提供概率意义的确定性，根据转账的重要程度，一笔交易需要等待若干个区块以防止交易被撤销。由于存在（前文所述的）算力被稀释问题，在这样的区块链要达到类似比特币网络的不变性将需要等待更多区块，这将是非常耗时的。（参考：2017 年，币安交易所在 BTG 被实施了双花攻击之后，显著增加了 BTG 转账的确认区块数目，因此确认一笔转入该交易所的 BTG 转账需要等待更长的时间。）

3. 玻色子共识

在已经理解上述两种情况之后，现在我们将介绍 QuarkChain 的玻色子共识。需要事先说明，玻色子共识不是一种单一的共识机制，而是代表着一类共识算法，其目标如下。

- 安全：所有交易都有强力的安全保障。通过 QuarkChain 使用工作量证明作为主要共识，这意味着不管网络中的分片数量增减，所有交易都能受到足够的哈希算力的保护。

- 去中心化：即使拥有相对少的算力（如果采用 POW 共识）或权益（如果采用 POS 共识），一个 BP 能够很容易地加入网络并产生区块以获得激励。此外，相对于使用大区块的单区块链的方案，参与 QuarkChain 的节点的带宽要求的需求也会更低，使得参与的门槛尽量"平民化"。

- 可扩展：网络处理交易的能力，将随着分片数量的增加而得到提升。处理跨片交易的能力也会随着分片数量的增加而线性增加。

另外，通过调整玻色子共识的参数，我们可以证明上述两种理想共识：由大区块构成的单链和多链并行，其实都是玻色子共识的特例。

(1) 概述

QuarkChain 将采用双层结构来维护每个分片的状态（账本）并处理状态变化（交易）。QuarkChain 网络包含由一系列的分片链组成的分片层。每个分片链将维护一个子状态（全局状态的一个分片）并处理该分片上的交易，分片层还具有以下特征。

- 每个片都有自己的创世块，其中包含了该分片的初始状态。

- 片的状态可以通过添加新块来进行改变，新块包含一系列交易（包括余额转移类交易或智能合约交易）。

- 为了使新块能被分片的其他参与者接受，新加的区块必须达到一些特定的标准以满足分片中参与各方的共识。例如，在 POW 共识中达到特定的计算难度，在 POS 共识中展示拥有特定的权益，或者在 DPOS 共识中证明 BP 的身份已经获得了多数的投票。

- 分片中的区块（称为"小块"）有两个哈希指针，一个指向前一个小块，用于构建分片链；另一个指向一个根块（根链上的区块），以便执行跨片交易（提供片间互动性）。我们将在后续的内容中详细介绍互操作性，所以在本节中不讨论根块的哈希指针。

- QuarkChain 网络有一条根链（RootChain，如图 4.1 所示），其作用是通过将所有分片上小块的块头收录在根块中，以确认分片上的块。除了小块的块头和根块自身的必要信息，根块并不包括其他任何数据。对于每个分片来说，被打包到根块中的块头信息必须是按顺序排列的，并且必须是有效的。这意味着，给定一个分片：打包到根块中的小块块头的高度必须是唯一的且连续的；另外，当前根块中打包的具有最小高度的块头必须能连接到前一根块中具有最大高度的块头。

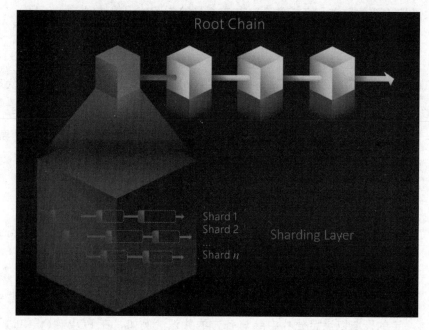

图 4.1

(2) 完整账本

QuarkChain 网络的完整账本包含了根链和分片的账本。图 4.2 展示了具有双层结构的网络中仅有单个分片的完整有效账本，根链中将会记录小块的块头。在后文中可以看到一些无效账本的案例。

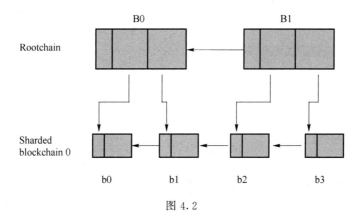

图 4.2

(3) 全节点

全节点是 P2P 网络中对等的参与者,在 QuarkChain 网络中维护完整的账本信息。全节点还拥有网络的完整静态信息,其中包括每个分片上的共识机制和相关参数(例如,出块间隔等)。由于全节点具有所有数据,所以全节点能够验证全账本上的任何一个块(包括新增的小块或根块),并在添加新增块之后获得新的完整账本。

一个节点也可以只保存一部分账本(例如,只记录单个分片的账本)。这种情况下,它必须依赖于网络中的其他参与者来帮助确定其余的分片数据和根链数据的有效性。

(4) 区块生产者(BP)

在任何时候,BP(也就是 POW 共识中的矿工或 POS 共识中的验证者)都可以在任何分片链或根链上增加一个新的块,并获得奖励。这个新块需要满足以下条件:

- 小块中包含了有效交易和分片块的块头信息,或者根块包含一系列有效的分片小块块头以及根块的块头信息;

- 该块满足了分片链或根链上共识机制的要求。

(5) 区块生产激励

① 分片链中产生块的激励

假定在分片 i 中，在成功地将一个小块附加到该分片的账本之后，BP 将会根据以下公式得到奖励：

$$c_{ij} = (1-a_i)(r_{ij}+f_{ij}) \tag{4.1}$$

其中，i 是分片的编号；j 是小块的高度；r_{ij} 是该小块的奖励，该数值 r 取决于 i 和 j，并且随着 j 的增加而减少；f_{ij} 是交易费用；$a_i < 1$ 表示从分片向根块上缴奖励的百分数，我们称之为该分片的"税率"。

② 在根链上生产区块的激励

根链矿工的奖励由如下公式计算：

$$C_k = R_k + \sum_{ij} a_i(r_{ij}+f_{ij}) \tag{4.2}$$

其中，k 是根块的高度，R_k 是出块奖励，它随着 k 的增加而减少；$\sum_{ij} a_i(r_{ij}+f_{ij})$ 被称为"税"，它从分片出块奖励中收集而来。

对挖矿激励的一些说明如下。

- 根链矿工的奖励随着根块中包含的小块块头数的增加而增加。这意味着，为了使回报最大化，根块矿工会从先前根块中未包含的小块开始，尽量多地打包每个分片上的最长链。

- 通常情况下 POW 的算力和出块奖励是直接相关的，如果全网都使用 POW 共识，我们可以通过调整税率来增加或减少根链上的算力。

(6) 分叉选择

如果出现由于网络传播延迟导致网络中存在多个分叉的情况，那么如何选择分叉就成了一个关键问题。处理这个问题也是 QuarkChain 玻色子共识的重要任务，因为 QuarkChain 的双层结构使得每一个分片都可能出现分叉，而且根链也可能出现分叉。

QuarkChain 的分叉选择规则的设计思路其实就是在回答这个问题：给定两个完整账本，哪一个应该存在下去？为此，我们创建了独特的根链优先原则。给定两个完整账本，我们总是先比较它们的根链（取决于根链共识算法，比较的点可以是区块高度、难度或者其他属性），然后比较分片账本。下面我们给出几个例子来说明根链优先共识是如何工作的。图 4.3 是一个例子，即使分类账 1（B3）包含了更多的分块，仍然是账 0（B2）被选中。

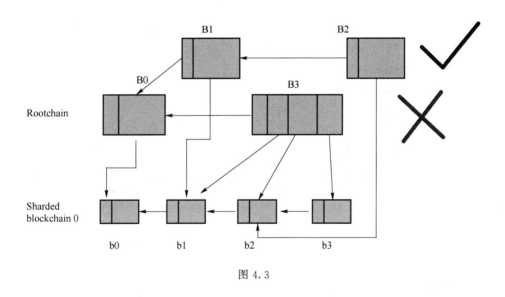

图 4.3

根链优先共识具有有效抵抗双花攻击的能力——交易一旦被根块确认（通过打包记录具体交易的分片小块块头），仅在分片中发起双花攻击将不起作用。

图 4.4 展示了在 QuarkChain 分片中创造一个新的攻击链 B2＜B4＜B5＜B6 来对原先的 B2＜B3 的链发起双花攻击。然而，即使新的分片链更长，这

样的攻击也不会成功,因为发起攻击的分叉的根块高度比被攻击的分叉的根块高度低。

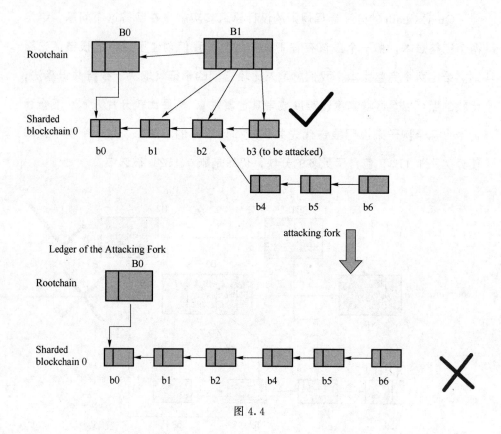

图 4.4

为了使攻击成功,攻击者还必须创建新的、更长的根链分叉来攻击根链,具体过程如图 4.5 所示。

总之,如果交易已经被根链确认,则该交易的安全性将由根链来进行保护,该安全保证应具有以下特征:

- 如果根链运行 POW 共识,则整个网络上大部分的哈希算力需要集中在根链上(例如,把全网 50% 的哈希算力分配给根链);
- 如果根链是运行 POS 共识的,则大多数权益证明需要保存在根链上。

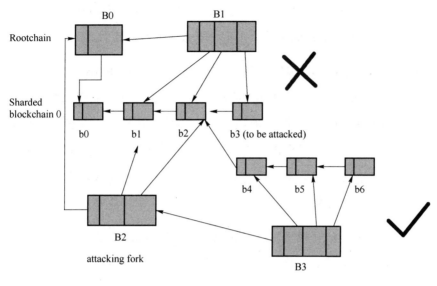

图 4.5

(7) 玻色子共识的拓展性

玻色子共识代表了一组具有双层结构的共识,其中有多个参数可以调节以满足多种需求:

- 根链共识;
- 每个分片链的共识(分片链之间的共识可以不相同);
- 税率;
- 其他参数。

我们可以调节上述参数,获得具有不同特性的玻色子共识来实现很多有趣的应用。

- 协同挖矿:如果根链和所有分片链都运行 POW 共识,出于对项目在不同阶段安全性的不同需求的考量,我们可以通过调整税率以便在根链上分配不同的哈希算力。

- 协同挖矿/铸币：根链运行 POW，一些分片链运行 POS，而其余分片链运行 POW。这会使得更多哈希算力集中到根链上。

- 去中心的 DPOS：根链运行 DPOS，而分片运行 POW。这种情况下，小矿工仍然可以自由地加入网络，在分片上工作并获得报酬，而根链上（数量有限的）BP 只能通过打包小矿工挖出的小块获得报酬。分片上的自由矿工对根链上的"代表"形成制约。此外，根据根链优先的原则，分片（即使采用 POW 共识）也可以享受 DPOS 带来的瞬时交易确认的好处。

- 大区块构成的单根区块链（理想共识一）：通过设置税率＝100％，可以实现该情况。这样的情况下，BP 会希望在根链区块中包括尽量多的分片交易。

- 并行的多条链（理想共识二）：这可以通过设置税率＝0％和禁用根链优先共识来实现，每个分片链将采用自己独立的分叉选择规则。

*** 扩展阅读 ***

双层链结构中的无效账本举例

情况 1：一个小块未被根链打包，如图 4.6 所示。

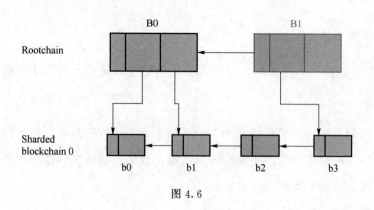

图 4.6

情况2：小块未被根链按顺序打包，如图4.7所示。

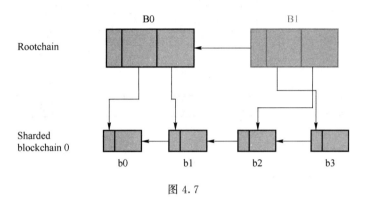

图 4.7

情况3：两个具有同样高度的小块被根链打包，如图4.8所示。

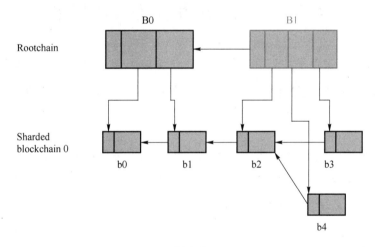

图 4.8

情况4：小块顺序有误，如图4.9所示。

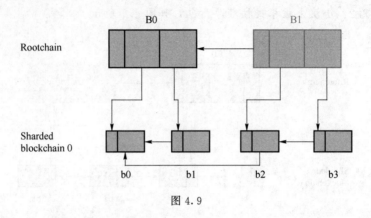

图 4.9

4.5 协同挖矿和算力复用技术

在了解了玻色子共识之后,我们将讨论玻色子共识的一个具体实现——协同挖矿。在本讨论中,假设根链和分片都将使用工作量证明(POW),并且:

- 根链运行 POW 共识,并且每个根区块中将包含从分片收集来的分片区块的块头信息。根据根链的共识要求,对于每一个被根链打包的分片,必须是一条有效的分片链。

- 每个分片在处理其内部交易时相对独立。为了便于介绍协同挖矿,我们假设这里的分片都使用 POW 共识。但是正如前面提到的,分片除了使用 POW 外,还可以使用其他共识(如 POS、DPOS)。

协同挖矿机制的主要目的是,可以通过增加分片数量来提高一个采用 POW 共识的区块链网络的性能。此外,协同挖矿还可以通过一种称为算力复用的技术来大大提高区块链的安全性。算力复用的概念是受到软件开发领域中代码重用的启发。在软件开发中,程序员们通常会使用高质量的现有代码

(例如，标准库)，而不是重新编写全套代码，从而来提高工作效率和代码质量。类似地，协同挖矿通过使用算力复用技术，以便多个分片重用根链上面相同的算力（由于挖矿回报更高，根链通常具有更多的算力），来抵御分片上的双花攻击。

下面我们将详细讨论协作挖矿的细节。不过在进入正题之前，我们首先需要介绍在一个POW网络中何为51%攻击（也叫作双花攻击），并通过最近发生在BTG和ETC网络中的攻击事件，帮助读者澄清对51%攻击的一些误解。然后，我们着重介绍算力复用技术是如何提高区块链的安全性的，并进一步讨论协同挖矿中的其他安全问题。

1. 51%攻击：误解和现实

如果要对使用POW算法的网络进行攻击，最著名的方式可能就是双花攻击了。只要攻击者拥有超过51%的哈希算力，就可以通过秘密地挖掘一条更长的分叉链来覆盖原来的链（从而撤销一个或多个交易）。理想情况下，如果一个网络中的算力是足够分散的话，51%的全网算力看来是一个很高的要求(例如，比特币就从未遭受过51%的攻击)，但最近很多基于POW算法的区块链都受到了双花攻击：

- BTG项目在2018年5月遭到双花攻击，价值1 800万美元的币被双花。

- ETC项目在2019年1月遭到双花攻击，价值100万美元的币被双花。

请注意，这两种加密货币在CoinMarketCap的市值排名中都居于前30位，它们的网络中都有相当量的哈希算力。这也意味着那些市值在30名之后的使用POW共识的区块链其实更容易受到51%的攻击。

为什么发起攻击都是需要51%的网络哈希算力，有些区块链更容易受到双花攻击，而另一些区块链网络看起来抵抗力更好一些？这里大众对51%攻击有一个关键的误解，就是何为网络中的总哈希值。这个数值可能是：

- 定义 1：对某个区块链项目做出贡献的矿工的所有算力；

- 定义 2：运行相同哈希算法（如都使用 Ethash）的矿工的总算力；

- 定义 3：掌握共同挖矿硬件的矿工所掌握的全部算力（例如，所有 ETC 网络中的矿工可能都拥有 GPU，但他们可以用这些 GPU 矿机去挖掘使用 Equihash 或 Cryptonight 算法的网络）；

- 定义 4：世界上所有计算资源（包括超级计算机）能提供的总算力。

大多数时候，人们在提到 51% 攻击时，是在使用第一个定义。然而，随着越来越多的区块链项目运行相同的哈希算法（如 BTC/BCH 使用相同算法，ETH/ETC 使用相同算法），或是使用共同的硬件（如 GPU）来挖掘，我们必须考虑扩大总哈希算力的定义。如果根据定义 2 或定义 3 来计算总算力，那么双花攻击可能只需要远远小于 51% 的哈希算力。这样的情况已经发生。

事实 1：只需要 5.2% 的 ETH 算力就可以对 ETC 网络执行双花攻击（根据 2019 年 1 月 21 日的数据计算）。

让我们以 ETC 为例来讨论，假设当前 ETC 的算力是 9 Th/s。根据定义 1，只有当现有的 9 Th/s 矿工中有 51% 是恶意的，51% 的攻击才会成功。然而，根据定义 2，由于 ETH 也在运行 Ethash 算法（与 ETC 相同），且 ETH 网络的算力为 176 Th/s，因此 ETH 的矿工中的攻击者只要将 9 Th/s 的算力从 ETH 移动到 ETC 网络就能发生攻击。这种攻击所花费的算力只占 ETH 全网算力的 9/176=5.2%，远低于所谓的 51%。

事实 2：对一些使用 POW 算法的区块链实施双花攻击可能只需要数百美元。

随着算力租赁市场（如 nicehash）的出现，安全问题实际上变得更加严重，攻击者可以租用一小段时间的算力就可以执行攻击。图 4.10 为

www.crypto51.app 网站关于算力租赁信息的截图。根据 https://www.crypto51.app/提供的表格来看，从 nicehash 租赁算力对一些区块链网络实施攻击的成本只有几百美元，比如 Bitcoin Gold。

PoW 51% Attack Cost

This is a collection of coins and the theoretical cost of a 51% attack on each network.

Name	Symbol	Market Cap	Algorithm	Hash Rate	1h Attack Cost	NiceHash-able
Bitcoin	BTC	$68.69 B	SHA-256	51,451 PH/s	$339,063	0%
Ethereum	ETH	$15.39 B	Ethash	146 TH/s	$85,881	5%
Litecoin	LTC	$2.88 B	Scrypt	220 TH/s	$28,615	5%
Bitcoin Cash	BCH	$2.55 B	SHA-256	1,525 PH/s	$10,048	4%
Bitcoin SV	BSV	$1.19 B	SHA-256	932 PH/s	$6,142	7%
Monero	XMR	$870.43 M	CryptoNightV8	878 MH/s	$7,451	1%
Dash	DASH	$752.17 M	X11	2 PH/s	$3,531	28%
Ethereum Classic	ETC	$502.83 M	Ethash	8 TH/s	$4,905	81%
Zcash	ZEC	$325.36 M	Equihash	2 GH/s	$10,780	9%
Bitcoin Gold	BTG	$211.67 M	Zhash	2 MH/s	$855	22%
Bytecoin	BCN	$126.32 M	CryptoNight	427 MH/s	$209	45%
Siacoin	SC	$95.85 M	Sia	2 PH/s	?	0%
Electroneum	ETN	$63.23 M	CryptoNight	4 GH/s	$1,942	5%
MonaCoin	MONA	$36.04 M	Lyra2REv2	16 TH/s	$436	65%
Metaverse ETP	ETP	$33.57 M	Ethash	402 GH/s	$236	1,688%
Ravencoin	RVN	$32.34 M	X16R	4 TH/s	$3,095	17%
Bitcoin Private	BTCP	$30.36 M	Equihash	5 MH/s	$29	3,454%

图 4.10

2. 算力复用技术

图 4.10 透出的一个关键信息是，BTC/ETH 网络具有非常强的哈希算力，但每秒交易处理能力较低。那有没有可能在开发一个新的区块链时可以使用 BTC 或者 ETH 的算力来防止双花攻击呢？就像软件开发里面经常发生的代码重用。一种可能的解决方案是使用侧链技术，在侧链上的出块者需要

定期将其链的快照提交给主链（BTC/ETH）。然而，由于主链的共识并不知道侧链的存在，因此如果侧链中出现了分叉等情况，则侧链必须通过自己的共识算法来确定哪一个分叉应该保留，这削弱了侧链的安全模型。

问题看起来很棘手，不过 QuarkChain 提出了算力复用技术来解决。在玻色子共识框架下，根链是知道下层分片链的共识情况的（注意，分片可以运行 POW 以外的其他共识算法）。根链通过将分片块的块头（哈希值）放在根块中的方式，可以只包含每个分片链中的一个有效分叉。换句话说，根链通过它们的块头信息来描述每个分片的规范（Canonical）链，所有的分片都要遵循根链定义的规范链，因为这些分片都正在运行根链优先的分叉选择规则。随着根链和分片之间达成共识，某人要对已经包含在根链中的分片块发起双花攻击都必须攻击根链上面的块，这就需要调用根链的 51% 哈希算力。图 4.11 为在 QuarkChain 中实行双花攻击的示意图。

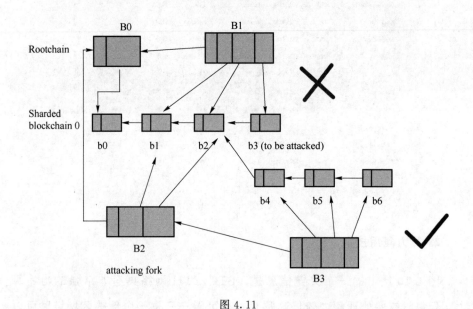

图 4.11

此外，为了激励根链的矿工将分片（头）打包到根块中，分片块的部分矿工奖励将贡献到根块中，从而由根链矿工获得，我们称之为税收。例如，如果税率为50%，则意味着分片矿工将获得生产该区块一半的奖励，而根链上的矿工将获得该分片产生奖励的另外一半，他会努力打包尽量多的分片块（记录最长的分叉）以获得更多的税收。因此，我们预计根链上算力会很高，因为矿工的奖励也更多。

3. 攻击向量

除了双花攻击之外，我们也考虑了当协同挖矿和算力复用技术遇到其他几种攻击的情况，总结如下。

（1）分片链上矿工发起黑名单攻击

矿工掌握了一个分片上的51%算力后，攻击者可以通过创建一个较长的分叉，并在原先的分片块被打包到在根块中之前回撤/取消它，通过这种方式攻击者可以把某笔交易排除在（分片）链外。现在所有算力较低的链都可能发生这种攻击，并且攻击者必须不断地从分片链中剔除包含该交易的块，直到所有其他矿工停止打包该笔交易为止。此外，一旦包含该交易的分片块被打包到根块中，攻击的算力成本将大幅上涨。图4.12为在分片上发起黑名单攻击的示意图。

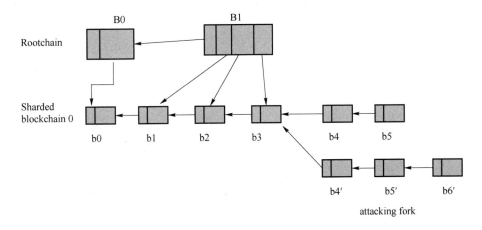

图 4.12

(2) 根链矿工发起黑名单攻击

当打包根块时,根链矿工可以通过打包一个自己制造的分叉来排除某些分片块。这意味着根链必须花费额外的算力创建一个分片的攻击分叉,当要攻击的分叉更长时,则攻击者收集的区块奖励(税收)会变少。图 4.13 为根链矿工发起黑名单攻击的一个示意图。

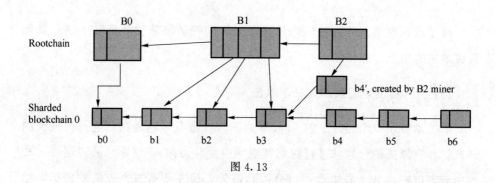

图 4.13

(3) 贿赂攻击

当一个分片上出现两个分叉时,其中一个分叉将被打包到根链块中。理论上讲,一个根链矿工应该打包更长的分叉以获得更多的奖励,但如果较短分叉的矿工贿赂了根链矿工,则根链矿工可能会打包较短的分叉。不过,这种攻击很大程度上取决于税率和根链算力的分散程度。

- 假设税率为 50%,如果短分叉矿工把所有自己挖出来的区块奖励用于贿赂根链矿工,则短叉应超过长叉的一半(经济上才对根链矿工有吸引力)。

- 如果根链矿工足够分散,执行贿赂攻击将更加困难。

图 4.14 为贿赂攻击示意图。

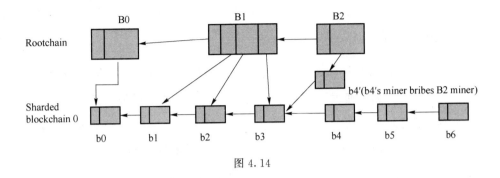

图 4.14

4.6 跨分片交易

在本节中,我们将讨论一类可以更改多个分片状态的交易(即跨片交易),确保此类交易被正确执行对建设一个有效的分片网络非常重要。例如,A 用户想将其在分片 X 中的代币转移到 B 用户位于分片 Y 的地址。该笔交易将减少 A 用户在分片 X 中的余额,并增加 B 用户在分片 Y 中的余额。

在这类交易中,我们需要关注并维护一个关键属性:原子性———笔交易中的所有操作要么全部都成功从而创建新状态,要么全都失败则不更改系统状态。在余额转移的案例中,这意味着要么所有用户余额不变(交易失败的情况),要么发送方的余额和接收方的余额都得到相应的更新。只在一个分片中进行转账时,全部操作在同一个块中被同步执行,从而保证原子性。但对于跨片交易来说,要保证原子性则要困难得多,这是因为:

- 要保持原子性,发生在不同分片的操作需要按顺序被执行,而确认操作之间的时间顺序是很困难的。

- 如果攻击者试图撤销包含某个操作(属于交易 F)的区块,交易 F 的其余操作将被取消还是被撤销?如果不取消,那么会产生安全问题,交易的原子性不能得到保证。例如,如果转账交易的提款操作被撤销，但该笔交易的存款操作仍然存在，那么系统中的代币总供应量会被人为增加。

此外，增加网络中的分片时，跨片交易将成为交易中的主要需求，因此如何提升跨片交易的速度和解决扩展性问题成为区块链系统的瓶颈。假设一个用户（随机）把某个分片中的代币随机地转移到另一个用户的地址，则该交易成为跨片交易的概率为 $(n-1)/n$。这意味着如果系统中有两个分片，则有 50% 的概率该交易是跨片交易；如果有 10 个分片，则 90% 的可能该交易是跨片交易。如图 4.15 所示，跨片交易的占比随着分片数量的增多而提高。这样一来如何提升跨片交易的性能成为区块链分片方案中的一个关键问题。

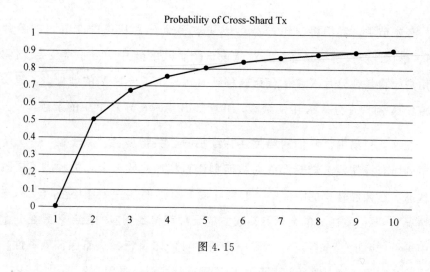

图 4.15

分片方案中另一个常见的问题是分片过热：如果某个单一分片成了大量跨片交易的目标，目标分片将对这些跨片交易进行评级，以防止目标分片上的区块生产者被众多的操作请求压垮。

针对这些问题，我们将详细解释玻色子共识算法（参考前面的章节）是如何确保跨片交易的原子性、安全性和可扩展性的。

1. 剖析区块链交易

我们这里讨论两种跨片交易。

(1) 转账：在 X 分片 A 地址的用户向 Y 分片 B 地址的另一用户转账。

(2) 访问智能合约：在 X 分片 A 地址的用户调用 Y 分片里的 B 地址合约。

请注意，在以太坊中，这两种交易的区别在于地址 B 的代码字段的内容是否为空（普通用户地址）或非空（智能合约地址）。

在类似以太坊的网络中，一笔交易由以下操作组成。

(1) 余额提取：操作首先从地址 A 的余额中提取代币。提取的代币数量等于要转移的金额＋预留的交易费用（gasPrice×startGas）。此步操作发生在分片 X 中。

(2) 执行转账：对余额进行转移，执行操作会增加用户 B 的余额；或者调用智能合约，执行操作会运行智能合约 C 的代码。此操作发生在分片 Y 上。

(3) 退款：执行转账/调用智能合约后，需要计算实际开支的交易费用，把剩余交易费用（预留-实际）退还给用户 A。此步操作结果将写入分片 X 的账本中。

图 4.16 为跨片操作的示意图。

区块链中的交易有一个优点：只要操作 1 成功，操作 2 和 3 就不会撤销操作 1，即使操作 2 中对智能合约调用失败，我们也会继续退还用户的交易费用，而不是撤销操作 1。这种模型可以很容易地保持原子性，而不必像在中心化的数据库操作中那样求助于传统的回滚机制。

此外，该模型还可以应用于其他交易类别，如 EOS 网络中，取款操作（操作 1）可提取 EOS 原始代币之外的多种资源（如 CPU、NET）。

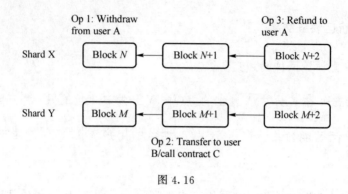

图 4.16

2. 简化跨片交易过程

优化 QuarkChain 中跨片交易的第一步是简化退款环节（上面的操作 3）。QuarkChain 的特性使得用户在每个分片中都有一个地址，因此，退款可以退到在目标分片而不是回到原分片中。因此，交易操作过程变成如下顺序。

（1）余额提取：此操作从用户 A 的余额中提取代币，代币数量等于转账金额+预留交易费（gasPrice×startGas）。此操作发生在分片 X 中。

（2）执行/退款：对于余额转账，执行操作会增加用户 B 的余额；或者对于访问智能合约交易，执行操作会运行智能合约 C 的代码。完成转账/智能合约调用后，计算实际的交易费用，并将剩余的交易费用（预留-实际）退还给用户 A 在 Y 分片的地址。这个操作发生在 Y 分片中。

图 4.17 为简化之后的跨片交易示意图。

退款金额通常较小（大多数余额转移交易需要退回的手续费为零），当多个分片的余额累积起来时，用户可以根据需要便捷地将所有余额移回到常用分片中。QuarkChain 的智能钱包可以帮助用户一键将所有这些分散到多个分片的小额资金收集回他的常用分片。

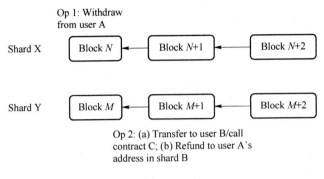

图 4.17

3. 跨片交易的操作顺序

下一步是确保操作 1（撤销）和操作 2（执行/退款）之间的因果关系。QuarkChain 通过使用根链作为时钟来确保这两个操作之间的因果关系。

- 每个分片块有两个哈希指针：一个指向同一个分片链上的前一个分片块，另一个链接到最新的根块。请注意，分片块中包含的根链区块的高度必须是非递减的。

- 要执行交易的操作 2（执行/退款），相应的分片块（块 $M+2$）必须被包括到根块高度大于或等于高度为 $L+1$ 的块中。根块 $L+1$ 包含执行操作 1 的分块头（$N+1$）。

如此一来，我们可以保证操作 2（执行/退款）始终在操作 1（取款）之后。

4. 对跨片交易实施双花攻击

跨片交易中的一个关键攻击是在操作 2（执行/退款）被执行后撤销操作 1（取款），如果操作 2 处理不当，将导致灾难性后果。在余额转移交易中，这意味着创建了额外的代币，即代币的总供应量恒定的前提被打破了。

QuarkChain 运行的玻色子共识可以避免此类情况。如果攻击者试图通过创建一个较长的分片叉（例如，分片块 $N'+1$ 到 $N'+3$）来撤销包含操作 1 的块（例如，分片块 $N+1$），则攻击者将无法执行此类攻击。

图 4.18 所示为一个失败的双花攻击案例。

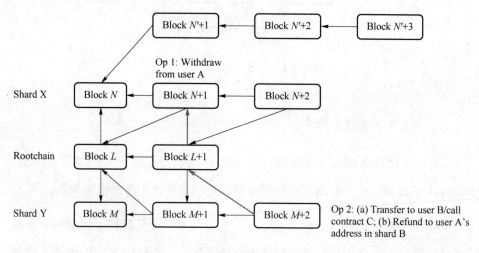

图 4.18

要撤销跨片交易中的取款操作，攻击者必须创建一个更长的根链分叉（例如，根块 $L'+1$，根块 $L'+2$）来撤销包含操作 1（取款）的分块头/哈希的根块（例如，根块 $L+1$）。因为根链描述了所有分片链的规范链，所有分片将自动切换到根链描述的分片叉上（依赖根链优先原则）。这意味着操作 2（执行/退款）将因为被攻击而被重写（例如，$M+2$ 块指向过时的根块（$L+1$ 块）而被抛弃）。

图 4.19 所示为一个成功的双花攻击示意图。

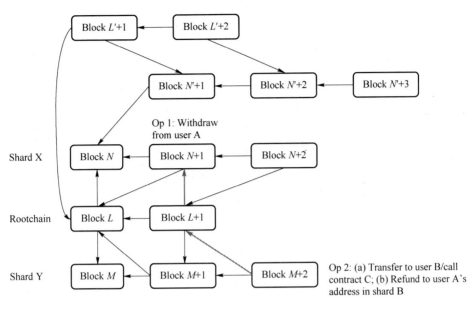

图 4.19

5. 与 DAG 的关系

由于每个分片块有两个哈希指针,QuarkChain 区块结构本质上是一个有向无环图(DAG),操作 1 先于操作 2。但是,与其他 DAG 项目相比,QuarkChain 的结构在以下方面更具优势。

如果 QuarkChain 中出现两个 DAG,我们可以使用根链优先原则轻松确定应选择哪个 DAG。此外,QuarkChain 的攻击向量和安全水平可以被定义得更好(如果根链运行 POW,需要调用 51% 的根链算力来执行双花攻击)。

通过对 DAG 进行分片,我们可以使用多线程或集群来优化系统性能,其中区块的交易任务/存储任务将由不同的线程来处理。

此外,我们可以定义一个分片的近邻,其中一个分片只能直接向其邻居发送跨片交易,如果两个分片不是邻居,则需要多次中转。这意味着将 1 个分片块的跨片交易广播到其邻居的成本是 $N \times M$,其中 N 是分片的数量,M

是最大的邻居数。

6. 分片过热问题和节流

如果多个分片同时发送大量跨片交易到同一个分片，那么这个目标分片可能会被众多交易淹没。例如，如果一个分片中正在举行一个热门项目的ICO（首次公开发币），那么来自所有分片的用户都会试图参加这个ICO，支撑此次ICO的分片可能需要在短时间内处理大量的跨片交易。由于一个分片的吞吐量是有限的，如何处理这么多的交易，防止分片崩溃是一个需要考虑的问题，我们把它称为分片过热。为了解决这个问题，跨片交易将以循环接力的方式在分片中得到处理。

创建一个分片块时，区块制造者会先检查一下还在等待处理的分片区块列表，表中记录了未被上一个分片块处理的跨片交易。

如果一个新的根块被分片块引用，则相邻根块的区块头将被加到列表中。多个分片块头将被添加，这些不同分片的块头将以循环接力的方式被处理。

每个区块都有跨片交易的Gas上限，BP从等候列表中挑选待处理的跨片交易。对于每个区块头，BP查找处理相应跨片交易并打包到新的块中。该过程将重复进行，直到跨片交易Gas总额耗尽。

通过这种方式，我们可以确保每个区块不会处理超过其跨片交易上限的交易。类似于CPU任务调度，CPU会为每个任务分配一个额度，如果该额度过期，CPU将切换到下一个任务。

7. 跨片交易的可扩展性

让我们假设遇到极端情况，所有分片都在忙于处理跨片交易。这意味着所有分片的待处理跨片交易队列都满了。因此，所有的跨片交易Gas限额都会被耗尽，跨片交易的吞吐量为

$$\sum_i \frac{g_i}{c_i t_i} \tag{4.3}$$

其中，g_i 是分片 i 的跨片交易 Gas 上限，c_i 是平均交易（需求）Gas，t_i 是出块间隔。在一个同质分片网络中，即其中每个分片都使用相同共识，g_i、c_i、t_i 这些参数都是一致的。这种情况下，网络处理跨片交易的能力会随着增加分片而线性增加。

4.7　测 试 结 果

经过前面的讨论，我们已经了解了 QuarkChain 的分片构架和其中的内在逻辑。如图 4.20 所示，2018 年 Quark Chain 发起了 TPS 竞赛，压力测试结果显示 TPS 最高达到了 55 039[①]。这个 TPS 是由亚马逊云的一个 r5.4xlarge 实例作为主节点，6 个 r5.24xlarge 实例作为从属节点组成的测试网。该网络有 1 024 个分片，将 TPS 提高到 5 万以上。

QuarkChain 是一个开源的项目，欢迎感兴趣的读者根据我们的代码自行搭建私有链进行测试，或是作为矿工加入 QuarkChain 测试网。我们在 github.com 的项目页面中有详细的说明文档供参考。大家还可以直接到测试网的浏览器[②]中去创建个人的钱包地址，获取测试代币，体验分片中的转账。

[①]　图片来自开发者录制的视频截图，视频资料可从本链接获得 https://v.qq.com/x/page/z0776irn540.html。

[②]　QuarkChain 测试网地址如下：https://devnet.quarkchain.io/。

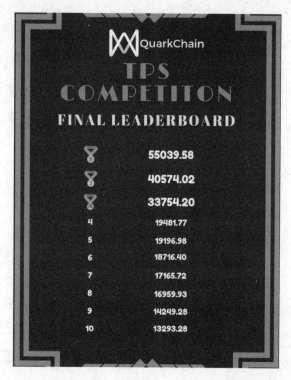

图 4.20

第 5 章
链 下 方 案

如果把区块链上发生的事情称为第一层,那么在链下发生的、并且和链上有关系的事情就可以叫作第二层。就像你玩网游《王者荣耀》,你的手机在本地处理了大量数据,只有一部分必需的数据才通过网络传输出去,但这样的设计并不会阻碍你的游戏体验。安装在手机里的王者荣耀 App 通常需要超过 4 GB 的存储空间。同理,如果能把一些耗资源的计算放到链下完成,只把一些重要的核心的数据存储到链上,这也能解决区块链性能不足的问题。

5.1　隔离见证与闪电网络

1. 隔离

你是否还记得我们在第 2 章介绍比特币分叉时,提到过隔离见证 (Segregated Witness,简称 SegWit)。2017 年比特币完成了隔离见证升级,其正式激活于 2017 年 8 月 24 日。为什么要进行隔离见证升级呢?顾名思义,隔离见证就是把一笔比特币交易里的见证数据进行隔离。延续我们在第2章关于公交车的比喻，隔离见证升级可以想象为把比特币公交车做了一些改造。车还是每10分钟发一班，大小也不变。隔离见证方案要求乘客把自己的行李箱都集中存放在车顶，车里的空间给没有行李的人乘坐，这样原本只能坐4 000人的车厢现在坐下了10 000人，提高了比特币网络的吞吐能力。比特币交易中的"行李"到底是指什么呢？

之前，验证一笔比特币交易时，需要两部分数据：①交易状态，比如发起人给收件人发送了多少比特币；②见证数据，以证明这个交易的合法性，其中最重要的部分是证明发起人有这么多的比特币。交易状态一旦确定就不可更改，但见证数据却是可以修改的。这是因为见证的实现依赖于签名算法，在该算法中可能两种不同的签名方式都是有效的，比如签名 (r, s) 的效力等同于签名 $(r, -s)$。可以理解为小杨通过手写签名或者加盖自己的私章进行签名有同等的效力，虽然这两种签名的字迹并不一样。理论上讲，使用两种不同但具有同等效力的签名为同一笔交易做见证，应该还是同一笔交易，但由于比特币的交易ID是对整个交易做哈希计算，并以结果作为该笔交易的唯一标示，那么更换了签名后，就会产生不一样的哈希值，也就是不同的交易ID。通过修改见证数据来修改交易ID将严重威胁交易的安全性。考虑到这一安全隐患，把见证数据从交易中隔离之后，只计算交易的哈希值便可以得到唯一的交易ID，提高了安全性。

正如前面所说的这个升级可以在同样的公交车里坐下更多的人，实施隔离见证的确能提高比特币网络的吞吐能力。比特币原来每一笔交易的大小大概是250 B，其中见证数据的大小为150 B。通过SegWit方案把这150 B的数据从交易中移除，一个大小不变的区块可以容纳下更多的交易。这些被隔离出来的验证数据则整体存放在区块尾部，大小约为2 MB。假设区块大小为1 MB，原来可以存放4 000笔交易；实施SegWit后，可以放10 000笔，TPS从7提升到了16。虽然看起来这点提升是很有限的，但SegWit还为后续部署更为强大的扩容方案打下了基础,那就是闪电网络。

2. 通道

闪电网络是一种状态通道,其目标是通过使用智能合约技术来安全地实现链下交易。其工作原理是由两个重要的智能合约来实现的:可撤销顺序完备合约(Recoverable Sequence Maturity Contract)和哈希时间锁合约(Hashed Timelock Contract)。

可撤销顺序完备合约就是让要交易的双方从各自区块链上的钱包地址转一部分钱到一个合约中共同建立一个资金池,每次交易后就要对资金池里的资金分配方案进行调整并得到双方的签名同意,新签名的方案将替代旧方案,通道内的交易可以被快速确认。当需要结束资金池,也就是需要提现时,智能合约将按照最新一版双方认可的资金分配方案在链上进行广播,并由节点进行确认。为了防止可能产生的欺诈,当其中某一方拿出一个经双方签名后的分配方案要求执行提现时,会给另一方一段时间进行确认,如果确认方能够证明发起方提出的分配方案是伪造的或是已经被废弃的,那么发起方早先在该智能合约中存入的资金将被罚没给确认方。即使确认方同意(或者默许)发起方提出的分配方案,发起方将后收到资金(确认方先收到资金)。这个过程可以理解为构成通道的双方要想进行交易时就给对方写一张支票,支票的限额不能超过资金池的大小。数笔交易之后双方都收集了相当多的支票,但并不着急把这些支票存入银行,等到双方想结束通道时,才把最近的一张存入银行。

哈希时间锁合约则是通过智能合约来实现以下动作:转账方冻结一笔资金,并提出一个哈希值,如果有人在规定的时间内提供一个字符串使其的哈希值与转账方提出的那个哈希值匹配上,这个拥有字符串的人便可以获得转账方冻结的资金。这一设计使得可撤销顺序完备合约建立的一个个资金池可以连接起来形成网络,水池被水管联通使得水能自由地流动起来。比如小杨要给小李转 1 个比特币，但他和小李没有资金池，但他们有个共同的朋友老张，老张和小杨以及小李都分别建好了资金池。于是小李给小杨发送了一个哈希值（对应一个字符串，也就是暗语），小杨找到老张跟他签订合同，老张在 1 小时内告诉小杨暗语，小杨给老张 1 个比特币。签好合同后，老张又去跟小李签订类似的合同，小李告诉老张密语可以获得 1 个比特币。于是小李告诉老张密语获得 1 个比特币，老张把密语又告诉了小杨，老张也获得了 1 个比特币，最终结果就是小杨的 1 个比特币经过老张传递到了小李手里（可参考图 5.1 的传递过程。通过哈希时间锁合约，即使收件人和发件人没有直接通道，也可以请中间人帮忙搭桥）。通过这样的传播构成了可以不断扩展的支付网络，为了表达出设计者对于这个网络能快速处理交易的激动心情，称之为闪电网络。

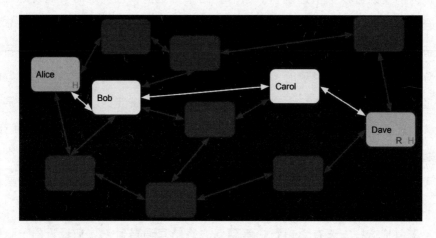

图 5.1①

闪电网络的名称是在 2015 年 2 月，随着 Thaddeus Dryja 和 Joseph Poon 发表的白皮书《比特币闪电网络：可扩展的外链即时付款方案》出现在人们的视野之中的。当然在这之前，关于如何在比特币网络中构建一些特别支付

---

① 图片来自 Joseph Poon 在比特币开发者会议（2015 年）上的演讲幻灯片，https://lightning.network/lightning-network-presentation-time-2015-07-06.pdf。

通道的讨论已经持续了很长时间，直到 Dryja 他们提出了一些关键思想使得很多早期方案所面临的问题得以解决，闪电网络的概念流行了起来。他们的白皮书得到了 Linux 核心开发者 Rusty Russell 的关注，很快 Russell 在 Blockstream 公司的支持下开始了基于 C 语言的闪电网络的开发；之后，ACINQ 公司也开始开发基于 Scala 语言的闪电网络；Dryja、Poon 和其他人也成立了 Lightning Labs 开始开发 Go 语言的版本。2017 年初，闪电网络的 alpha 版落地，之后随着比特币网络完成隔离见证的升级，在这年年末第一笔基于比特币闪电网络的交易发生。目前越来越多的多交易通道被建立，这个网络正在逐渐形成。2019 年初，一位名为"hodlonaut"的比特币支持者在 Twitter 上发起了"闪电火炬"接力传递活动，将 1 万聪比特币通过闪电网络不断传递下去。这个活动得到了包括 Twitter 的 CEO、Linkedin 联合创始人等互联网大咖的支持，为闪电网络带来了巨大的影响力。2019 年 3 月闪电网络中的通道数已经达到了 39 000 多条。图 5.2 为闪电网络数据统计网站 1ml.com 在 2019 年 3 月 21 日发布的数据。

闪电网络并不是比特币的专有技术，在认识到这个技术的巨大威力之后，很多区块链网络都在开发他们自己的"闪电网络"。莱特币在 2018 年第三季度推出了自己的闪电网络；以太坊、ZChash、NEO 各自的类"闪电网络"项目：Raiden、BOLT、Trinity 都在热火朝天地开发中；而其他项目比如 Stellar、Monero 等都对这项技术表达了兴趣。另外，随着闪电网络的出现，一类基于闪电网络开发的 App——Lapp（闪电网络应用程序）也引起了人们的关注。与 Lapp 做对比的是 Dapp，Lapp 的支持者认为 Dapp 在链上运行的成本太高，很多在链上计算产生的花费是没有必要的，也正是由于这些"没有必要的链上计算"，一方面造成了承载平台的拥堵，另一方面导致 Dapp 本身的用户体验不佳，而 Lapp 所依托的这个网络本身是链下的，其计算成本要低得多。比如说一个简单的五子棋游戏，如果放在链上进行的话，对弈的双方每走一步都算一笔交易，他们需要对交易签名，并频繁地更改系统状态，这个过程中需要等待矿工打包交易，还需要缴纳手续费。如果是在一个五子棋的 Lapp 中下棋，要对弈的两个玩家在主链创建五子棋智能合约，完成初始化并建立好游戏通道之后，双方就可以下棋。每下一步，双方都对这个动作进行签名并保留副本。直到最后某一方赢了，赢家把最后由双方签署过的最后的动作记录发给主链上的"五子棋智能合约"来关闭这个通道。整个过程只需要向主链提交一次数据，也只要支付一次手续费。

Real-Time Lightning Network Statistics

Number of Nodes	Number of Channels	Network Capacity	Node Countdown
7,517 ↑+16.96%	39,281 ↑+38.7%	1,055.36 BTC ↑+50% $4,285,286.47	992,483 0.8%

Nodes with Active Channels	New Nodes (24h)	New Channels (24h)	Channel Countdown
4,005 ↑+20.34%	29 ↑+11.54%	420 ↓-16.83%	960,719 3.9%

Nodes with Public IP	Updated Nodes (24h)	Updated Channels (24h)	Capacity Countdown
3,187	575	32,210	998,945 0.11%

Average Node Capacity	Average Channel Capacity	Median Base Fee	Median Fee Rate
0.264 BTC $1,069.38	0.027 BTC $108.57	1.000000 sat $0.000040605	0.000001 sat $0.000000000040605

图 5.2

闪电网络看起来很好，但要注意到闪电网络仍然在开发的早期，还面临着诸多问题。

(1) 技术问题

其技术实现难度超过早期的比特币网络，所以闪电网络本身的安全性和可靠性需要不断地进行验证；另外，由于通道的建立者需要不断地为在通道发生的交易进行签名，频繁地使用私钥（私钥在线），所以对私钥的安全性也提出了更高的要求。考虑到这些安全方面的隐患，闪电网络的开发者对通道进行了限额（目前大概是 160 美元左右）。

(2) 中心化问题

如同很多新出现的区块链项目一样,闪电网络也伴随着是否会加剧中心化的争议。这种担忧的逻辑是借助哈希时间锁合约,一个节点可以通过与多个节点建立通道使得自己成为一个交换中心,担任传递交易的角色。一旦这一中心节点下线或损害将导致网络中的其他参与者无法完成交易。有人还担忧如果大量的交易是通过闪电网络完成的,人们更愿意成为闪电网络上的节点而不是比特币网络中的节点,这会导致比特币网络本身将退化成为只有少数几个全节点的"中心化网络"。

(3) 商业逻辑问题

两个交易对手建立支付通道的第一步就是要各自存放一定量的比特币形成一个共同管理的资金池。这样一来,虽然交易在闪电网络中快速地发生,但如果没有关闭通道进行提现,那么这些被锁定在资金池里的比特币从比特币网络上看是没有在流通的。如果闪电网络中被抵押的比特币越来越多,势必会造成在比特币主网上流通的比特币越来越少,导致比特币主网的流动性枯竭。

(4) 资金的单向性

既然叫作交易通道,自然需要(或者更利于)交易对手之间资金有进有出,但很多常见的小额支付场景是类似个人向咖啡馆购买咖啡或是付费乘坐地铁和公交车,由于此类事件都是货币单方面流动,用不了多久消费者抵押在通道中的押金就会耗尽,通道不再具有功能。

5.2 侧链类技术

1. 单向锚定

2012 年,当时的比特币网络的开发者在讨论如何更全面地测试某一个将要被部署的客户端升级时,提出了单向锚定的技术。这个技术允许开发者把比特币从主网转移到一个单独的区块链上进行测试,以全面检验将要发布的客户端,这样可以避免新功能发生故障时对现存的比特币网络造成严重的危害。但这些比特币一旦从主网离开就不能回去了,所以叫作单向锚定。之后在 2013 年,比特币核心开发者 Greg Maxwell 提出了双向锚定的想法,即原来单向转出的比特币还可以转回去。这个可以和主链沟通的链,就被称为侧链。

侧链通过 SPV(Simplified Payment Verification)楔入技术让主链资产能转移过来,被转移到侧链的资产可以使用侧链上丰富的功能,而不必担心把这些功能增加到主链上造成不稳定或是带来安全隐患。侧链是独立运转的,它有自己的共识机制和节点,所以它的运转不会给主链带来任何负担。

SPV 楔入方案是这样实现资产转移的:用户首先在主链上把资产 A 发送到主链上的一个特殊地址进行锁定,等这笔交易被打包并得到若干个区块确认后,该地址会创建一个 SPV 证明发送到侧链上。侧链收到证明会在侧链中处理这个证明相关的交易,处理过程包括去主链验证这个资产是否被锁定,然后在侧链上开启相同价值的另一种资产 B。当资产 B 在侧链被使用或改变之后,可以反向重复上述过程,即先在侧链上锁定资产 B,等这笔锁定交易被确认之后,SPV 证明会发回到主链,然后解锁原先的资产 A。

2. 等离子体

根据这个逻辑，侧链可以把主链某些业务通过 SPV 转移过来，加工处理之后再发送回主链从而提高效率。就是根据这个原理，Plasma（等离子体）项目提出了高效扩容的思路。与闪电网络类似，Plasma 也是一种链下扩容方案。2017 年 8 月 Joseph Poon 和以太坊的创始人 Vitalik Buterin 共同发表了白皮书《等离子体：自动化智能合约》，展示了提升以太坊吞吐能力的新思路。

等离子体技术是通过从以太坊主链衍生出子链然后子链又衍生出自己的子链，"子又生孙，孙又生子，子子孙孙无穷尽也"的方式形成了一个类似于物理上的等离子体结构。这些众多的子链可以运行复杂的计算，并只需要很低的费用。

当你想创建等离子体侧链时，你需要在以太坊主链上创建一个智能合约作为这个等离子体侧链的根目录（也可称之为根合同），其中将包含子链的状态以及基本规则、子链的 Hash 值等内容。根目录成为主链用户使用子链的桥梁。之后便可以根据实际需要创建子链，这个子链可以运行各种高度定制的共识机制，可以是中心化的，也可以是去中心化的。一旦子链被创建，子链上的矿工就需要定期向根合同提交更新后的状态，让主链知道子链的出块情况和状态。这些记录一旦被提交到了根合同，就不能被篡改。需要使用等离子体侧链的用户把他们在以太坊上的资产通过根合同转移到子链上来，根据事先部署在子链上的逻辑和交易规则进行运算和交易。其中的关键是子链不能创造新的资产，无论是何种资产都需要事先在主链上创建，并转移到子链中。

这实际上也就是把大量计算从链上搬移到了链下，那如何保证资产的安全呢？如果子链是高度中心化的，只有一个矿工处理交易，那么这个权利巨大的矿工可能会在打包交易的时候篡改数据。一旦用户发觉矿工有图谋不轨的行为，用户可以在矿工实际作恶之前把自己的资产提取到主链上，避免受侵犯。等离子体还支持任何人都可以发布证明来举报子链上矿工的作恶行为，比如举报子链上的状态并没有按照既定规则从前一个状态得到更新。如果证明材料得到确认，子链数据将回滚到前一个状态，同时作恶的矿工还会受到惩罚，比如罚没事先抵押在根合同里的押金。

当然，这是一个极端的情况，比特币的成功教会我们只要有多个独立的矿工或是区块生产者存在，就会大大降低出现风险的概率。等离子体侧链中也可以有多位独立的矿工相互监督。

3. 跨链

资产从主链转移到侧链实际上就是一种跨链行为，主链和子链之间可以实现跨链，那么是否可以让两条公链彼此实现跨链呢？如果不同公链上的资产可以自由交换，其实也增加了整个区块链基础设施的吞吐能力，天然具有扩展性。跨链技术正在努力实现这一目标。我们做个形象的比喻，如果把每一个自成体系的公链比作岛屿，那么跨链就是要架桥把这些岛连接起来。如果众多的岛屿都能高效地互联互通，那么这些岛屿群就能更有活力，能承载更多的人口。

前面提到过的哈希时间锁和侧链技术都在一定程度上实现了跨链，除此之外目前常见的跨链还有以下几种形式。

(1) 单一托管人

单一托管人的原理比较容易理解，实施起来也相对简单。某个受信任的组织或团体同时是公链 A 和公链 B 的节点，负责两个链之间的资产兑换，目前中心化交易所就是这种情况。用户小杨把链 A 上的代币 a 充值到某个中心化的交易所，在交易所里兑换成链 B 上的代币 b，然后又从交易所中提币完成了跨链的过程。

(2) 公证人

如同日常生活中若两个人彼此之间不信任，则找一个他们都信任的人当公证人。在跨链中这个公证人通常是链 A 的用户，但可以监听链 B 的状态。瑞波项目的 Interledger 协议就是一个公证人。Interledger 可以理解为一个无须信任的中介，采用加密算法为链 A 和链 B 建立资金托管，一旦双方对交易达成共识就可以互相交易。

(3) 联盟

公证人还可以由一个联盟来担任以避免单一中介产生的风险。联盟将对需要跨链的资产进行多重签名，增加作恶的难度。

5.3 案例：Celer 网络

跨链技术难度很大，正在开发的链下方案很多，本节我们通过近距离观察一个具体项目：Celer，来讨论当前链下扩容方案的努力方向。

Celer 项目的目标就是要解决当前困扰公链的可扩展性问题，让区块链应用的使用体验能等同于传统的 App。为了实现较高的数据处理速度，Celer 主要采用了一个链下三层架构，其中包含了广义状态通道和侧链型通道（cChannel）、提升通道平衡能力的高效支付路由（cRoute）、链下应用操作系统（cOS）。

Celer 本身属于状态通道方案，作为一个"站在肩膀之上"的项目，Celer 有以下特点。

1. 标准通道

状态通道在闪电网络部分已经详细介绍过。Celer 作为计划支持多个公链的链下方案提出了一套状态通道模型标准，使得符合这一标准开发的公链以及运行在这些公链的 Dapp 都可以方便地接入。在 Celer 中建立通道也是先将存款存入主链来创建，如果主链支持 Celer 通道标准，那么通道状态、状态证明、条件状态转换等参数都会以统一的标准列出。比如一个存在于小杨和老杜之间的支付通道的状态将包含以下标准元素：

(1) 小杨当前余额；

(2) 老杜当前余额；

(3) 小杨的签名；

(4) 老杜的签名；

(5) 通道内当前状态的序列号；

(6) 两人之间已创建但还未结算完的支付。每笔支付包括付款人、收款人、支付金额及触发支付的条件、签名等内容。

2. 路由策略

当小杨和老杜从链上进入通道之后，他们可以在通道里完成很多复杂的交易。当然为了满足这样的目标，需要在通道里创建一系列的工具。为了构建这个通道中的小世界，Celer 参考了目前互联网常见的分层协议模型。

cChannel 层提供链上和链下数据的传输，负责两个用户之间的通道创建，对应 TCP，相当于接口层。往上是 cRoute 层，对应互联网的 IP，维护一个实际的网络拓扑结构，选择最佳路由避免拥堵。最上层是 cOS，对应互联网中的应用层。相比互联网中丰富的功能协议（比如 HTTP 等），Celer 只提供调用传输层接口的应用程序。封装良好的传输接口可以允许第三方应用程序更加快速便捷的开发，最终提升用户的体验。Celer 在 cRoute 层中如何选择最佳路径做了大量研究。

一条条通道建立好后，某些节点就可以成为价值传输的中转站，于是通道变成了网络。借助状态通道和中继节点可以在两个不信任个体之间实现高速价值传输。目前基于两人通道间的路由策略大部分都是基于最短路径的路由算法来计算的，虽然该算法在传统计算机网络中被广泛使用，但是并不适合状态通道网络。其核心差异是传统计算机网络的带宽是不受使用状态所改变的，即宽带受到硬件的限制，比如使用光纤材料，但不会因为上传了多少数据而变化。但是价值网络则不同，随着不断地进行价值交换，每条通道的可用带宽（余额）将会发生变化，比如小杨和老王分别存了 1 个比特币形成一个通道，在小杨数次给老王转账之后，资金池中小杨的部分资金已用尽，通道丧失作用，这就造成了网络的拓扑状态改变。由于实际的最短路径路由算法都是分布式的，在网络拓扑变化时都要花一定时间重新收敛到新的最短路径上。

为了解决这个问题，Celer 参考了无线网络传输中的堵塞梯度概念，采用梯度网络的思想来实现价值传输中的路径优化。Celer 使用了 254 个状态通道组成的支付网络进行模拟实验，实验结果显示 Celer 的路由算法比采用最短路径路由算法的网络性能提高了 15 倍，各个通道的利用率提高了 20 倍。

3. 开发者友好

前面已经比较过 Lapp 相对于 Dapp 有计算速度上的优势，类似基于闪电网络可以开发 Lapp 一样，Celer 版的 Lapp 被叫作 Capp。为了给开发者提供更好的开发环境，能迅速开发一些需要很多交互逻辑、涉及争议仲裁等复杂功能的应用，cOS 提供了一套易用的开发框架和运行环境，让开发者不需要关注太多状态通道的技术细节，而把自己的精力聚焦在 Capp 本身的开发上。

cOS 提供了三种重要功能：

(1) 一套用于描述 Capp 的抽象模型，以支持各种逻辑；

(2) 把 CPU 管理、内存管理、I/O 管理等这些底层剥离出来，提供一套开发者环境；

(3) 一套支持 Capp 的即时运行环境，提供了运行时所需的通信和状态管理。其网络结构请参考图 5.3（Celer 的定位并不仅仅是"通道"，而是衔接应用和多种底层区块链的中间层）。

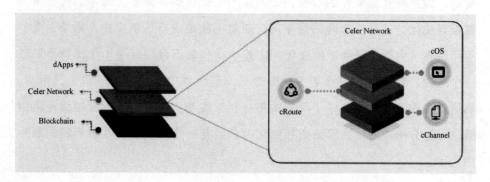

图 5.3[1]

4. 多种角色

Celer 网络中有四种参与者：用户、状态守护者、流通资金提供者和支付服务提供商。其中状态守护者可以理解为用户的替身，当用户无法在线时为用户托管状态。你可不要小看这个角色，如果构建通道的一方趁另一方不在线时使用利于自己的一个已经过期的状态（但有双方的签名）来关闭通道，这时候状态守护者就起到了保护资产的作用。支付服务提供商类似于闪电网络中担任中间人的节点，他们的任务最重要，负责维护状态通道。他们可以提供通道来收取通道费（类似于银行转账时收的手续费）。另外，因为通道本身是在传输价值，所以传输媒介本身也必须是价值载体，这些媒介就是由流动资金的提供者提供的，他们把自己的资金提供给支付服务提供商获得利息。因为 Celer 网络计划未来支持多个公链项目，所以这些在通道中流动的媒介可能是比特币，也可能是莱特币或其他代币，一个支付服务提供商自身可能一

---

[1] 图片引自 Celer 项目的白皮书第 6 页，https://www.celer.network/assets/doc/CelerNetwork-Whitepaper.pdf。

下子无法提供太多的币种，所以由流动资金提供者来解决这个问题。可以理解为邮政推行汇款业务需要一些钱来进行中转，于是有人把钱存到邮局供其使用，同时获取收益。

为了能让流动资金提供者的资金是安全的，首先资金提供者会把资金转入 Celer 抵押担保合约成为准备金，支付服务提供商在 Celer 网络上提交资金借款需求给"准备金拍卖合同"（其中包括借款数额、借款期限的内容），发起拍卖过程。拍卖是匿名的，竞价的主要依据是提供的利息和可抵押的资产情况。获胜者需要先向"准备金拍卖合同"支付利息，合约收到利息之后，会按照准备金 1∶1 生成 Celer 网络中的媒介代币给获胜的支付服务提供商，比如准备金是 ETH，则会生成 cETH。这个 cETH 可以在 Celer 的状态通道中担任价值媒介的角色。当拍卖合约到期时，支付服务提供商把相应数量的 cETH 发回给"准备金拍卖合同"进行清算，关闭合同。

比起闪电网络，因为 Celer 立足于为多个公链提供服务（闪电网络只为比特币网络服务），所以网络的参与方增加很多，系统也要复杂得多。

第6章
社区扩容和未来

本章将讨论一些涉及未来的话题。当我们通过以上技术搭建出更为强大的区块链之后,还有哪些需要做的工作?毫无疑问,可以做的事情很多,限于本书所关注的范畴,我们还是从可扩展性的角度来思考。

6.1 自由灵活的区块链

1. 多原生代币[①]

2017年,以太坊的智能合约和ERC20代币标准使得每个人可以轻松地在链上生成自己的代币。这一功能很快催生出了一种新的融资模式:Initial Coin Offerings (ICO),即首次公开发币。这个ICO看起来有点像首次公开募股

---

① 目前在QuarkChain测试网中已经部署了此功能,感兴趣的朋友可以试用,http://devnet.quarkchain.io。

(IPO)，让融资变得很容易。只要你有有创意的想法并能够清晰地表达出来，就可以尝试 ICO。换句话说只要你所生成的 ERC20 代币有人想要，你就可以通过贩卖这种靠一个智能合约生成的、数量上限由你决定的 ERC20 代币得到资金。可以说正是 ERC20 标准造就了 ICO，也造就了以太坊在 2017 年的快速成长，因为需要用以太坊的原生代币 ETH 去购买这些 ERC20 代币。不过即使披上了新技术的外衣，ICO 本质上还是一种创业融资行为。在没有监管的情况下融资工具很快被滥用，一时间鱼龙混杂、骗子横行。即使不讨论纯粹的诈骗行为，ICO 为创业者增加了一种新的融资手段也不能改变创业本身九死一生的艰难局面。ICO 并不能增加创业的成功率，甚至可能由于资源错配增加创业的失败率。随着国家出台监管政策和公民意识的不断增强，目前 ICO 已经不再有 2017 年夏天的风头了。不过 ERC20 标准的代币并不都是不法分子用来骗钱的工具，其中产生了很多重要的用途。比如，由纽约一家信托公司发行，和美元 1∶1 严格锚定并受美国监管部门的监督，在以太坊网络上遵循 ERC20 代币标准构建的 GUSD（Gemini Dollar）正在扮演着把美元转化为加密币的角色。

不过，ERC20 代币与原生代币相比仍有明显的局限性和痛点。(在不失普适性的基础上，我们将功能接近以太坊上 ETH 的代币叫作原生代币，将基于智能合约产生的代币叫作 ERC20 代币或合约代币。有些文章也把原生代币称为 Coin，把合约代币称为 Token。)

痛点 1：通过 ERC20 代币来进行智能合约交易，用户操作起比较复杂。

目前，通过 ERC20 代币支付去中心化的服务或购买应用是其主要用途之一。例如，用户可支付 QSP（ERC20 代币）购买 Quantstamp 审计服务[①]。或者使用一种 ERC20 代币来参与另一项目的众筹，通过调用智能合约，自动分发新 ERC20 代币。

---

① 更多信息可参阅 https://quantstamp.com/qsp-network/instructions。

目前在以太坊上，如果用 ETH 来购买某种服务，用户可以直接对智能合约转账，通过支付来自动完成整个交易。可是用 ERC20 代币执行此类交易则与通过 ETH 来执行有所不同。一个在使用 ERC20 代币执行此类交易中经常出现的错误，就是用户直接将 ERC20 代币发送至智能合约地址。这仅会修改该 ERC20 代币在该地址的余额，并未触发智能合约的功能（例如，想要获得某种计算服务）。如果发生该错误，用户会要求智能合约的持有者手动退回代币，或者需要合约的持有者手动完成剩余的操作，这对于双方来说都非常不方便。

通过支付 ERC20 代币进行智能合约交易的正确方法通常包括以下步骤：

- 调用原始 ERC20 智能合约的 approve () 方法，并提供目标智能合约地址作为 spender，填入允许转出的 ERC20 的数目；
- 调用目标智能合约（例如，使用 QSP 中的 requestAudit () 方法）以完成用上一步的 ERC20 代币进行支付的交易。

与直接发送 ETH 到智能合约地址进行付款相比，上述的两步付款方案相当不便。此外，如果通过 ERC20 代币对同一智能合约执行多次付款，有可能导致一种叫作"额度双花"（the Allowance Double-Spend Exploit[①]）的潜在威胁。

痛点 2：通过合约代币触发智能合约交易，仍然需用原生代币来支付交易费用。

在以太网上，要用 ERC20 代币进行智能合约交易，用户必须在支付 ERC20 代币的同时使用 ETH 作为手续费。这意味着，在进行交易之前，用户必须确保两种代币都有足够余额，这也增加了交易的复杂度。

基于对上述痛点的分析，我们认为如果在同一区块链上能够支持多种原

---

① 详细介绍可阅读 https://github.com/CORIONplatform/solidity/issues/107。

生代币，Dapp 开发者和用户均可从中受益。

这些多原生代币应该有如下的特征：

- 只要用户愿意支付足够的手续费（由已经存在的原生代币来支付），任何用户都能够创建一种新的原生代币；
- 通过使用原生代币，用户可使用一次支付给智能合约并触发合约自动完成所有计算；
- 用户可以用任何原生代币支付交易手续费。

这里我们将详细阐释如何改造现有的数据结构以实现这些有趣的功能。

(1) 代币 ID 的设计

每个原生代币都会有一个代币 ID（从 0 开始）。代币 ID 为 0 的原生代币称为创世原生代币（例如，以太坊上的 ETH）。每个用户账户（以基于账户模型的区块链为例）的余额字段由原来的存储单个数值，变成一个"代币 ID"大于或等于余额的映射（可由 Patricia Trie 来实现），其中包含该用户的所有原生代币的余额。

(2) 使用不同的原生代币进行交易

除了 gasPrice、startGas、value 等常用字段外，每笔交易还将包含两个新的字段。

- gasTokenId：一个整数字段，注明使用哪一种原生代币支付手续费。
- transferTokenId：一个整数字段，说明将把哪种原生代币传输到目标地址。

每次交易可以有不同的 gasTokenId。矿工也可以自由地在一个区块中包含任何有效的交易（即使他们的 gasTokenId 不一样）。因为有不同的代币来支付 gas，为了最大限度地提高矿工的经济效益，矿工需要通过对每笔交易的手续费价值进行排名以便按优先级进行打包。这可以通过连接到外部数据（例如交易所）来评估该笔交易的价值（例如使用如下公式：minerGain＝gasPrice×gasUsed×tokenFiatPrice 计算收益）。

(3) 创建新的原生代币

任何用户都可按照下列步骤创建一种新的原生代币：

提交一笔原生代币的创建交易，其中包括：gasPrice、gasTokenId、总供给量、创世地址等交易参数。

当该笔交易被执行时（被打包到区块中），将产生如下的结果：

① 增加被称之为"代币 ID 计数"的全局参数，返回值作为新的代币 ID；

② 修改该代币 ID 相关联的创世地址的余额为总供给量；

③ 返回"成功"信息以及新代币的 ID。

(4) 支持多种原生代币的虚拟机

我们将在虚拟机中添加几个操作码以支持多种原生代币：

- GAS_TOKEN_ID，返回用于支付手续费的代币 ID 参数，其在交易过程保持不变的；

- TRANSFER_TOKEN_ID，返回用于转移价值的代币 ID 参数；

- 另外还有 XCALL、XDELEGATECALL 等操作码，我们需要用这些参数来改变子程序的 TRANSFER_TOKEN_ID。

大多数智能合约可能不需要关心 GAS_TOKEN_ID。但是，如果 TRANSFER_TOKEN_ID 不匹配（比如，必须是用于付款的代币 ID），它可能会导致交易被回撤。此外，借助 XCALL 等操作码，智能合约能够以不同的原生代币进行转账，从而轻松实现众筹和去中心化交易所等功能。

(5) 提高操作体验

我们还可以使用字符串作为代币 ID，例如：可以使用 apple、orange 的字符串作为 ID。原生代币还将能识别地址格式，这样我们可以通过添加代币命令符来简化交易过程。例如，键入"apple：0xabc"，意为：使用原生代币 apple 来向 oxabc 地址进行支付，并使用创世原生代币支付手续费。

2. 弹性需求

在提升区块链性能的过程中，我们追求的目标是可扩展性。在面对比特币等网络本身吞吐能力不足时，扩展性的努力都集中在了提高现有网络的吞吐能力上。但扩展性并不等于高吞吐能力，在获得吞吐能力之外，拓展性有着更广泛的内涵。实际上在面对多变和复杂的商业环境时，真正的扩展性是能尽量多的满足人们的需要。正如凯文·凯利在《必然》中写到的："科技的蓬勃发展，从可能中催生当前，万物不息，万物不止，万物未竟。这场永无止境的变迁是现代社会的枢轴。"要能适应这种变化，就需要在最底层的构架中拥有足够的柔性和弹性，这样才能在开发应用时游刃有余、自由灵活。

随着互联网技术的发展，其对社会生活产生巨大影响，使人们不得不面对这样一个事实。在科技持续发展的前提下，未来的社会将快速变化，以至于人们可能要面对一个形态难以预测的未来。对常人而言，未来科技进步的难以预测，比如人们可以通过测量量子坍缩而得到的确定形态来观察微观粒子不确定性在宏观世界的投影，但在人们视界之外却又蕴藏着无限可能。面对这样的不确定，人们可能将无法避免地重复前人在进入工业时代时，经验主义失效的过往。而只有拥抱变化，在变化中探寻规律并灵活应对，才可以驾驭时代日夜变化的波涛。

互联网本身一直在持续变化之中，从仅能发送电子邮件，到可以视频聊天；从几百台计算机，到光纤连接各个大洲；从固定设备，到移动接入；超过 40 亿人，依靠互联网紧密地联系在了一起。借助互联网传递的信息，人们从工业时代的大规模线下区域性合作,逐渐转变为信息时代大规模线上全球性合作。

但互联网初始的设计目标是解决信息的传递问题,而不是解决价值转移的问题。为了完成可信的交易,人们建立了很多第三方见证机构和交易中介,以他们为交易平台,或依靠他们的规模与声望为线上交易背书。随着互联网的发展,逐渐演化出了云计算与大数据技术,产生了人工智能革命。人工智能开始从学者的论文和科幻作家的作品中走进人们的生活,在某些方面比人类更有智能的机器开始出现。如何同机器共存,将逐渐成为现代人必须思考的问题之一。

依靠这些技术的不断发展,电子商务、电子支付、互联网金融等应用场景不断涌现。一方面,互联网让交易变得越来越方便,使用范围越来越广,更多的用户使用互联网取代线下交易。而另一方面,第三方见证机构规模因此不断扩大,形成了平台垄断,也就借机掌握了定价权。

人和人、人和机器,机器与机器之间的关系开始发生了变化。越来越激烈的商业与科技竞争使得人们需要在互联网上进行合作与交易,但是互联网本身不能实现如同线下交易一样的价值的直接转移。人们只能越发依赖见证机构和交易中介,任他们予取予求。

伴随着互联网规模增长的放缓,第三方机构的规模成本和平台垄断逐渐成为互联网交易成本的瓶颈。多个机构的跨境贸易,因为没有更大的机构为机构之间的贸易背书,机构之间的结算尤其是跨境贸易结算困难重重,限制了全球化合作。而上述这些门槛,限制了更多中小型公司和个人在全球化合作中的参与,使得互联网时代,大型互联网公司轻松垄断了全球市场,中小型公司难以生存。

再者,互联网信息复制性传播,无法在制度上确定传播数据的所有权。因此,对于创造有价值信息的个体与中小团体,在没有版权保护的情况下,很难通过所创造的信息在互联网上直接获取价值。但是掌握着信息分发权利的平台与搜索引擎,则获得了大量收益,只留下边角那些难以消化的残羹冷炙给原创者。

还有,人们在使用互联网时留下的数据和隐私信息,也可以被收集起来获取利益(最坏的比如大数据杀熟)。同样因为这些数据的所有权无法界定,生产出这些数据的用户无法获得从这些数据中产生出的价值。

这些缺失使得互联网革命创造的大部分价值归属于为数不多的互联网巨头,而大多数公司与个人并不能从中直接获益。在互联网连接了全球,大公司垄断了市场,用户习惯了被动使用而不是参与获益之后,伴随着互联网人群规模的增长减速,互联网过去几十年高速的增长恐怕也将就此放缓。

在信息互联网即将面临增长瓶颈的时刻,我们寄希望于区块链技术能解决这些问题。区块链技术把交易合约与计算机编程语言进行了结合,依靠计算机语言,可以实现更加复杂的交易方式,这也就产生了智能合约技术,如同是给一个账本加上了配套的法律合约。而对计算机来说,天然可以读懂这种用编程语言写就的合约,并自行完成执行。这样一来,就让交易的双方不再局限于人与人,人与智能机器、智能机器之间同样能够进行可信交易,并依靠智能合约保障交易的执行和安全可查。

如果再给智能合约加上一个可以互动的界面,用户可以通过互动界面和智能合约互动,那便诞生了 Dapp。如同移动互联网时代的手机 App 一样,Dapp 同样是一类满足用户使用的应用软件。与现有 App 不同的是,依靠背后区块链技术和智能合约的驱动,Dapp 的后端数据库可以运行在区块链系统上,稳定性由整个区块链网络保证。而且 Dapp 的数据可查,让 Dapp 比 App 在金融、资产管理等应用方面更加可信。这就减少了中小型企业的运维成本,而且 Dapp 自带的信用基础也让中小型企业不必依附于大型的中心化机构,节省掉并不便宜的信用和中介成本。

随着智能合约和 Dapp 的发展，Dapp 和区块链的开发者将可以如同自媒体兴起时一般，建立自己独特的 Dapp 或者垂直领域的区块链系统积累用户，而与自媒体这些积累粉丝再转化变现过程不同的是，依靠区块链的代币经济学，可以直接实现价值的转移与变现。而代币实现的数据确权让区块链上的开发者和数据所有者们，这些创造了有价值内容和数据的中小个体，通过收取数据授权费用的方式，也将能够在区块链的世界中直接获得价值。

在互联网的基础上，区块链技术可以让更多人参与并且收益，重新定义了人与人、人与机器、机器与机器的关系，让整个系统可以不完全依赖于一个或几个中心。减少了垄断、信用、运维等一系列成本，变现路径也变得更加直接。中小型企业的成本可以降低，个体的价值进一步放大。这样的正向激励可以让更多的人参与进来，释放出更多的活力，从而有更强的可能性。这也是未来区块链公链的价值所在。

3. 适应性

但目前的区块链基础设施离这个目标还有差距。首先，现有的项目做得还不够标准化。因为区块链项目的火爆，市场上充斥着鱼龙混杂的项目，不同的项目远景与技术水平的差异导致了合约标准不够统一，共识不够一致，还有各种各样的虚拟机与编程语言。这就使得开发者要在共识机制、编程语言、项目友好度方面进行各个要素的匹配与取舍，就形成了准入门槛。各个项目泾渭分明，开发者被迫站队，这在区块链仍处于发展早期、没有更广泛普及的前提下切分了市场，分散了流量与用户。在区块链项目市值总和还不如 Netflix 一只股票的市值的前提下，想要进一步推动项目落地，就必须以对开发者友好的态度实现对现有共识、智能合约等的兼容，让原有的互联网开发者能够容易地转入区块链开发，而无须考虑这些基本要素的匹配。

其次，个性化需求也得不到满足。可以说公链主要由五个模块组成：共识机制、虚拟机、账本、编程语言和代币经济学。目前每个公链都是一个固定组合，往往可以满足一个或者某几个行业的需求，却无法满足所有行业的需求。有些团队或者个人想发挥自身优势，准备进入某一个垂直领域解决问题的时候，如果现有的项目没有办法实现他们的需求，他们就需要重新适配。就好比想让欧美用户使用新浪微博，因为用了英文导致微博不能兼容，开发者就需要从底层开始重新搭建一个全新的支持英文的微博系统。这不仅是不可想象的，而且对于中小团体和个人，重新开发一套底层系统，无论是时间成本还是经济成本，他们都无法承担。

还有，链上代币经济生态仍不完善。目前很多中小项目方希望有自己的代币、自己的经济系统，不是因为这些项目方想要花费人力、物力从 0 开始开发一套自己百分百掌控的系统，而是因为现有主流区块链系统对于多种代币的生态不提供支持，或支持不够完善。这些想要在一条公链上有所作为的团队，在面临自身价值变现的时候，就要经过如同互联网时代的第三方路径变现一样，过程烦琐。因此，对于这些团队来说，与其在以后变现的道路上处处受制于人，还不如自己开发一套区块链系统，自己当家做主。

如果所有的项目方各起炉灶，全部"从 0 到 1"，一方面会割裂区块链整体市场、分散资金，甚至产生公链大战，有志于开发 Dapp 的团队被迫站队，无法充分发挥自己的技术优势。另一方面，大家都在做从 0 开始的重复劳动，造成了资源的浪费，白白消耗了自己真金白银的融资而进展缓慢。如此下去，即便解决了 TPS 问题，能够起到颠覆作用的杀手级应用的诞生也遥遥无期。

上述问题如果得不到解决，区块链技术价值的光芒也只能蛰伏于层层密布的乌云之间，无法普照渐渐丧失生气的互联网世界。一个理想的基础设施要能为快速变化的区块链世界注入"灵活性"，不对未来做过多预测和假设。这是一条灵活、能不断迭代、适应发展的公链，用灵活多变的适应性，迎接未来的不确定性。即便是中小个体，也有一个参与并实现自身价值的"可能性"。

这个基础设施将能够实现区块链公链的四个核心模块：共识机制、虚拟机、编程语言和代币经济学的可定制化。它将兼容目前主流的共识、虚拟机和编程语言，使开发者能够灵活调动，创造属于他们的更多可能。这样在面对未来的机遇和挑战时，依靠自身的适应性，才有可能演化出符合时代需要的公链形态。表 6.1 从虚拟机、共识、账本、通证经济学这四个模块来对比/剖析了目前市面上正在运行的五条公链，其中可以看到 QuarkChain 具有更好的适应性。

表 6.1 几个知名项目的四大基础模块对比

	ETH	NEO	EOS	CARDANO	QuarkChain
虚拟机/智能合约	EVM	NeoVM	WASM	EVM-like	分片：EVM/WASM/etc
共识	POW	DBFT	BFT-DPOS	POS	根链 POW 分片：POW/POS/etc
账本	账户类型或未消费交易输出类型（UTXO）				分片：账户类型或者 UTXO 皆可
通证经济学	挖矿：ETH 交易费用：ETH	挖矿前：NFO 交易费用：NEO Gas	区块奖励：EOS 用 EOS 支付存储器、中央处理器和宽带费用，CPU and bandwidth	挖矿：ADA 交易费用：ADA	分片：采用不同原生代币自定义其通证经济和功能

6.2 社区扩容

区块链带来了密码学，还带来了新的经济激励方式。每一条链就是一个小社会、一个小经济体。这些众多的区块链社群给经济学家提供了很多研究样本，堪称实验经济学的乐土。区块链实践中产生的机制设计和社区治理等方面的成果，对于我们如何经营社区，创建新的协作方式提供了重要思路。社区是由人构成的，如果区块链的思想能使得社区的运转更加高效，支持更多的文化和风俗，发挥每个人的长处，那就实现了社区扩容。

1. 加密经济学

区块链行业的不断发展催生了加密经济学的研究。加密经济学是利用机制设计和密码学来建设新的系统和应用。比特币中的制度设计我们已经很熟悉了。挖矿需要投入资金购买设备产生挖矿成本，当比特币有价值且有人需要时就产生市场，市场鼓励了更多人挖矿。不断加入的矿工其投入又增加了实施51%攻击的难度，网络安全性得到提高。这看似简单的过程实际上是一套正反馈经济系统。如果挖矿没有奖励，就没有人会投入设备挖矿，算力不够很容易触发51%攻击，攻击造成账本被篡改，没有人敢使用比特币，项目立刻跌入死亡螺旋。一个项目能够长期生存下去，就得依赖机制设计。密码学则使得个人无须许可和帮助（不需要有客户人员）就能自由地使用区块链管理资产。个人资产只靠私钥来管理，如果不泄露私钥，没有人可以动得了你的"奶酪"。哈希函数使得每个区块准确相连，不可篡改。比特币思想的核心就是加密经济学，使得人们出于个人的利益有意愿持续地参与到网络中来，其加密算法、共识协议、账本格式都是支持这套机制运行的工具。

加密经济学中涉及的机制设计，属于博弈论和运筹学的领域。博弈论研究激励结构的相互作用，关心一个制度中各个体可能的行为和实际的行为，并研究它们的优化策略。博弈论中有一个重要的概念叫作纳什均衡。纳什均衡就是指某个参与者的策略与其他参与人相比已经做到了最优化，他不能通过改变自己的策略来获得更多的收益。一个著名的例子就是囚徒困境，如表6.2所示。假设有两个小偷A和B联合偷东西被警察抓住。警方将两人分别关在不同的房间内进行审讯。对每一个犯罪嫌疑人，警方给出的政策是：如果两个犯罪嫌疑人坦白了罪行交出了赃物，于是证据确凿，则两人各被判刑5年；如果另一个犯罪嫌疑人没有坦白再加刑2年，而坦白从宽者立即释放。如果两人都抵赖，则因证据不足只能各判入狱1年。

表 6.2 囚徒博弈[①]

单位：年	B 坦白	B 抵赖
A 坦白	−5，−5	0，−7
A 抵赖	−7，0	−1，−1

客观来看，二者都抵赖的情况对于整体来说惩罚是最小的，小偷们应该都选择抵赖。但从心理学和博弈论的角度来考虑，小偷 A 可能倾向于选择坦白，因为担心不坦白被对方坦白了自己要被关押 7 年。在不能了解对方的想法时通常会估计最坏的情况，而自己的努力将是尽量避免最坏的情况而不是去争取最好的情况。还可以从另一个角度来理解 A 的选择，由于无法知晓 B 会做出何种选择，A 只好假设 B 坦白或者抵赖的可能性为 50％。

根据表 6.2，我们可以计算出 A 坦白的后果：

$$(-5 \times 50\%) + (0 \times 50\%) = -2.5 \text{ 年}$$

A 抵赖的后果：

$$(-7 \times 50\%) + (-1 \times 50\%) = -4 \text{ 年}$$

从计算上看，A 根据博弈论最好的选择是坦白。由于同样的心路历程，小偷 B 也会坦白，所以最终的结果达到纳什均衡：二者都坦白，共同关押 5 年。

另一个著名的博弈论用例就是谢林点。谢林点是指当一个博弈中存在多个纳什均衡时，其中出现概率最大的纳什均衡点。比如，两个好友相约在纽约碰面之后一起旅游，但由于太匆忙没有约定碰头的地点，这该怎么办呢？通过问卷调查发现，大多数人会选择正午时候到纽约的中央车站等待朋友。

[①] 在影片《蝙蝠侠：黑暗骑士》里有关于囚徒困境的精彩演绎。小丑让两条渡轮分别拥有另一条渡轮炸弹的遥控器，只有炸了对方才能保全自己。电影中充分展示了人性善良的一面，没有人按炸弹。但根据博弈论来思考情况可能不同。

中央车站也就成了这个博弈中的谢林点。

作为一个纳什均衡点,这个谢林点会随策略参与人的变化而不断调整。在西安市的东南区域有一个兴庆宫公园,如图6.1所示,从百度地图上可见兴庆宫有几个大门(标记为十字星)。如果两个大学生相约一起到公园里游玩并在公园门口集合,他们会到哪个门?如果这两个学生是西安交通大学的,对于他们来说最可能是"门口"的是公园的南门;而对于西安理工大学的学生来说,他们的"门口"是指东门。那如果博弈参与者分别来自西安交通大学和西安理工大学呢?或来自外地呢?对于他们来说,哪儿才是谢林点?

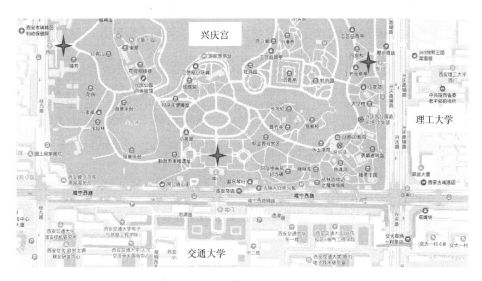

图 6.1

2. 机制设计

机制设计就是在了解博弈论的结果后,根据个体的可能反应(在个人利益的驱动下),反向设计制度来达到人们期望的结果。密码学使得个体在制度中能充分地发挥自己的能动性保持独立,在个人私钥的保障下这个按个体追求设计的制度最终能在群体层面发挥效用。

那如何设计才能发挥个体的能动性呢？这会涉及一个深刻的哲学问题：人性的善恶论。其实你在思考囚徒困境的时候或许已经感受到了。人在区块链上的行为是由利他主义还是利己主义主导呢？作为区块链的设计者，如何回答这个问题关系着你的区块链会有怎样的机制设计。如果认为人是利他主义主导的，那可以使用一些随机选择矿工的算法来建立共识，这样可以避免当前比特币挖矿业中出现的大矿池，这种集中程度很高的矿池给比特币带来了安全隐患。

人性本善，还是人性本恶？一个人今天可能会违反交通规则，而明天可能会为贫困的孩子捐钱。由于人是矛盾体，在对个人行为的长期观察中很难得出简单的结论。对于个体进行评价都很困难，要评论人类整体就更加困难。从目前大多数项目的设计思路来看，倾向于假设人可以被利己的动机驱动。比特币就是这样设计的。有人认为比特币网络中出现大矿池，威胁了比特币的去中心化，正是由于比特币的机制设计中对利己的启动还不够，单体还需要联合起来以获取更多的利益。

了解了博弈论的大概思想后，我们尝试使用纳什均衡的思路来探讨一个区块链生态中参与各方的可能行为，并设计相应的制度，这里我们简单地讨论几个可能的机制设计问题。

需求一：避免挖掘分叉链，将算力集中在最长链。

制度一：在一个无效块之后的块也同样无效。当出现一个分叉时，两位矿工面对这种情况都可以做出收益判断，在原来的长链上挖矿可以获得 5 个代币的奖励。而矿工 A 不遵守规则去挖比较短的分叉链，无论矿工 B 做出什么选择都是没有收益的。基于这个逻辑，矿工 A、B 能采用相同的策略（都遵守规则）达到纳什均衡，共同维护区块链中的最长链（如表 6.3 所示）。

表 6.3　维护最长链机制

（假设一个区块的奖励是 5）	矿工 B 遵守规则	矿工 B 不遵守规则
矿工 A 遵守规则	（5，5）	（5，0）
矿工 A 不遵守规则	（0，5）	（0，0）

如果矿工篡改账本可以对一笔 100 个代币的转账进行双花，相当于获益 100。这时候如果没有合适的机制进行限制就会出现如下的情况：矿工们都倾向于作恶以获得更好的回报。但实际上不是这样的。当前绝大多数代币只有转换成法币才能避免市场的大幅波动，兑现收益。对于大额的兑换需求通常只有主流的交易所有相应的流通性可以支持。我们可以进行制度设计从博弈论角度抑制矿工作恶的想法（如表 6.4 所示）。

表 6.4　惩罚缺失

	矿工 B 遵守规则	矿工 B 作恶
矿工 A 遵守规则	（5，5）	（0，100）
矿工 A 作恶	（100，0）	（100，100）

需求二：避免矿工篡改账本。

制度二：增加交易所转账区块确认时间。让主流交易所延长一笔转入交易的确认时间，使得相应的代币市场能在这段时间内发现某次双花攻击。当矿工 A 实施双花获得额外的 100 个代币后，在矿工 A 把这笔钱兑换成别的资产前，市场就能发现这一行为，并作出反应。这种情况通常会导致市场大幅走低，当 100 个代币的价值小于当初遵守规则获得的 5 个代币的价值时，从纳什均衡的角度看，矿工们倾向于遵守规则（如表 6.5 所示）。

表 6.5　双花惩罚机制

（假设攻击被发现后代币价格损失 50 倍）	矿工 B 遵守规则	矿工 B 作恶
矿工 A 遵守规则	（5，5）	（0，2）
矿工 A 作恶	（2，0）	（2，2）

前面分析的都是设计合理的机制维护区块链的稳定运行，反过来也可以把机制设计用于对采用工作量证明的区块链实施攻击。前面说过，现有的机制是最多的矿工（超过 50%）共同维护的链才可能存活，这也就是所谓的 51% 攻击的威胁。在这种情况下任何擅自脱离队伍成为少数的矿工都将面临颗粒无收的经济损失，因此他们也没有动力离开长链。当攻击者算力不够的时候是无法发起有效的 51% 攻击的。不过假设这个作恶的矿工采用了博弈论的思维，公开宣布如果有人去短链挖矿，该短链如果没有成为最长链，将给予挖掘短链的矿工的补偿为 $(5+x)$。因为补偿超过了正常的区块链奖励，矿工就会蜂拥而去短链上挖矿，最终短链会变成长链得以生存。而攻击者甚至不用花费任何费用就对原来的链发起了一次成功的攻击（如表 6.6 所示）。

表 6.6 作恶者实施"贿赂"之后

	矿工 B 去长链挖矿	矿工 B 去短链挖矿
矿工 A 去长链挖矿	(5, 5)	$(5, 5+x)$
矿工 A 去短链挖矿	$(5+x, 5)$	(5, 5)

3. 治理

区块链的去中心化不代表无序化。人类社会历史上长期是中心化的组织，一个部落听从酋长的，一个封建国家听从皇帝的，一个大家族听从一家之主的。当人类社会被高铁、被手机、被互联网紧密联系起来时，自然而然地开启了多元化的新时代。如何在多元化和多极化的世界生存成了人们面临的新课题。图 6.2 展示了中心化组织和去中心化组织的形态，相比传统的中心化组织，区块链的"海星"组织给我们提供了构建并治理这些多元、多中心社区的实验样本。

加密经济学本质上也是一种经济学，是在研究人类经济活动中的规律，研究人类是如何创造价值并传递价值的。加密经济学的思想也给社区的不断发展提供了扩容的工具。密码学使得个人的能力在不断增强，让个体不再依靠大的中间体就能掌控自己的财产。而与之相配的机制设计将使得这些被增强的个体在一个新的框架中自由地追求个人价值的最大化,同时可以使得这个系统不断增强。比特币网络中有三个参与方:维护代码的开发小组、提供算力打包交易的矿工和用户。比特币网络设计了机制使得这些参与方能够互相制约,用户的使用和交易为网络带来了价值,也带来了比特币的需求;矿工因为比特币有价值愿意挖掘比特币,并为网络提供算力、提升安全性;开发者修护网络,解决问题并不断提升网络的使用体验,不好的开发版本将会被矿工和用户抵制。开发者自己可以持币从比特币网络价值提升中获利,另外比特币开发者的名头也为开发者带来了巨大的光环,从而从社区的其他领域获得回报(比如担任一些项目的顾问,被一些大公司雇佣,被邀请做演讲等)。做一位有些理想主义的极客,激励他们持续开发比特币网络的大概不是直接的经济回报,而是个人价值的实现。

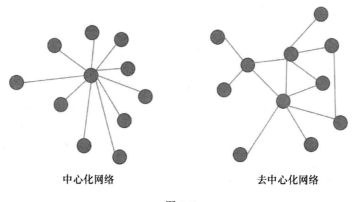

图 6.2

*** **扩展阅读** ***

区块链社群是乌合之众吗?

俗话说"三个臭皮匠赛过诸葛亮",群体中的个体真的能产生超过单一个体的成绩吗？个体在群体中有怎样的行为呢？法国社会心理学家古斯塔夫勒庞在其著作《乌合之众》中给出一些有意思的看法。他认为群体相较组成群体的个体来说有以下三个特点。

1. 智商下降

勒庞说过："人一到群体中，智商就严重降低，为了获得认同，个体愿意抛弃是非，用智商去换取那份让人备感安全的归属感。"

2013年春天我国出现禽流感疫情，一时间多个城市的居民开始大量抢购并服用板蓝根。这不是板蓝根第一次被抢购，每次出现引人关注的传染病，比如非典、手足口病、甲流等，都会引发公众抢购板蓝根。包治百病的板蓝根仿佛成了神药。可惜并没有证据表明板蓝根对预防禽流感有用，更严重的是盲目服用板蓝根还会伤害身体。是药三分毒，这样的道理很多人都懂，但一旦进入抢购的人群中仿佛智商就会下降。

国外做过一个有趣的实验来检查个人在群体中的行为。一个被试对象A在等候室中，旁边有演员假装的5位互不相识的普通人，等候室里只有6个人。这时等候室里突然铃声响起，5个演员都随着铃声起立一秒钟之后坐下。被试对象A一个人不知所措地坐着显得被孤立。接着几次铃声响起后，演员们都起立，不想显得独特的被试对象A开始跟随大家的行动。再次铃声响起时全部人都一起起立。接着5位演员分别撤离后，被"训练出来"的被试对象A在没有其他的人的情况下还是随着铃声起立。接着被试对象B也来到等候室，看到A奇怪地随铃声起立，也在几次铃响后跟上了。

以上记录都显示个体为了不在群体中显得突兀，通常会做很多愚蠢的事情；或者因为他认为大家都做的选择不会坏到哪儿去，于是放弃了自己思考的能力。这种盲目的跟随可能是由于人类长期进化稳定策略的结果，毕竟动脑筋是一件耗能的事情。

2. 情绪化

群体的另一个特点就是容易情绪化。

2012年9月,中日关系因为钓鱼岛问题而变得紧张,反日情绪在民间迅速发酵,包括西安、广州在内的中国多座城市爆发了"反日游行",西安的反日游行在"爱国青年"口号震天的叫嚣中,变成了针对自己人店铺、车辆和商品的"打砸抢群体暴力事件"。有网友评论此事件时,无奈地说:"别人占了我们的岛,我们去砸自己的车"。此次游行事件中,"9.15"游行当日西安机动车损失高达两亿元,受损车辆数千台(图6.3所示为2012年9月15日西安街头被掀翻的汽车)。驾驶丰田卡罗拉轿车的李建利被21岁的泥瓦匠蔡洋用U形锁击穿头骨,手术后仍然失去了右侧机体的几乎全部机能;而蔡洋则被判刑十年。事前他们两人的生活没有交集。直到被警察带走时,蔡洋还认为自己的行为是爱国。

图 6.3

近年来互联网暴力层出不穷是群体容易情绪化的另一个例证。网络世界的开放和匿名给网民一种"无人管"的错觉。网络上使用语言暴力伤人的成本很低，似乎关上计算机后施暴者就可以不用对说过的话负责了。加上网络本身易于传播的特性，一次无意识的转发、分享就会使得负面事件被迅速传播。四川德阳35岁的女医生安颖彦在游泳时，与人发生了冲突，双方在不理智的情况下，大打出手。之后，由于另一方对警方的调解不满意，于是开始用"人肉搜索"的方式获得安颖彦及其家人的隐私信息，附带了单方面关于冲突的描述在本地的微信群中传播。随着关注的加剧，冲突的短视频也被省级电视媒体转载和播报，这一切让安医生陷入了巨大的压力之中，在2018年8月25日下午服药自杀。这一事件引起了多家媒体和许多网友对于网络暴力的反思。

认识到了群体的以上问题，那区块链有望避免这些陷阱吗？如果区块链只是扩大"乌合之众"中这个"众"的范畴（增加人群的数目），而并不能改善"乌"的弱点，那么只是引向更大的灾难而已。幸运的是，由区块链衔接的人群可能有所改观。

区块链作为铁路、无线电、飞机、电子邮件之后另一个拉近人和人的距离、扩大个体影响力的技术确实会提高一个群体的人数上限。一个群体所能承载的人数通常是由信息衰减程度决定的。不断出现的维护信息传输的纽带为信息的传播提供"保真"。区块链维系的人群并不能减弱其中的智商下降问题，但可以避免一些情绪化的状况。首先，区块链最重要的一个特性是不可篡改，区块链上任何不理智的举动都会被记录，当你知道将无法删除某个缺乏证据的言论时，在按下"发表"键前或许会多思考一会儿。其次，区块链中的智能合约也会避免情绪化的举动。以太坊的设计理念是"代码即法则（Code is law）"，区块链上的智能合约把人们协作的方式固定在区块链上了，你既然使用了这个合约就代表了你愿意遵守这个合约的结果，你的情绪只能决定你使用或者不使用区块链，一旦你用了区块链上的服务，那么执行结果与你的情绪无关。

另外,还要特别说明的是群体不等同于组织,不需要有智力参与或形成协作,只要相似物种的聚集就叫作群体。细菌、飞鸟、沙丁鱼都可以有自己的群体,而且形成群体之后通常会展现出一些在个体中无法观察到信息,比如在运动中形成特定的图案(如图 6.4 所示,鱼群形成了球,而候鸟形成了箭头)。但目前的研究表明,这些集体行为中并没有什么特别的"智慧",只是在一些基本规则作用下维护最优距离而产生的现象。集体行为是大量的能够自主行为的个体聚集后自发产生的有序行为,其特点完全不同于其所构成单元的个体。这种转变产生的原因是个体间的相互作用。这种作用可以用"最近邻作用规则"来描述,即保持与你的近邻的距离,但避免碰撞。这个规则的本质体现了普遍存在的距离过近以排斥为主、距离过远以吸引为主的二体作用势。而人群的那些看似愚蠢的行为可能也是这种作用势的一种体现。

图 6.4

从这个角度来看,我们就不用担心区块链上的去中心化组织变成"乌合之众"了。因为使用区块链这个价值网络的用户本身就是存在价值交换的需要的,使用区块链是一种经济行为,不受作用势控制。关键还是要有机制设计。

6.3　50年后的世界

在探讨了众多关于性能提升的方案之后，也到了本书的尾声。本节将和大家一起畅想一下：50年以后区块链会怎么样？区块链对我们每一个人有着怎样的意义？如果那时候区块链的基础设施已经足够强大，性能已经能够支撑多种商业场景，那么世界又会怎么样？

为什么一定要讨论再过50年呢？因为互联网从20世纪60年代至今大概50多年。经过这么多年的发展，互联网已经和人们的日常生活紧密相连，为社会创造了巨大的价值。年轻的区块链如果能有类似早期互联网一样的高速发展，我们可以期待50年后会有一个不一样的世界，一个由区块链构成的世界。在过去50多年的时间里，互联网得到了长足的发展，深度改造着人们的生活，这一点我们每个人都深有体会。区块链依托于互联网，二者的发展规律是相似的，对比互联网的发展史能帮助我们思考区块链的未来。因此我们先来看看互联网的发展简史。

1. 50年前

早期的互联网主要围绕协议和标准进行建设。

- 1969年，美国国防部高级研究计划署（ARPA）建立ARPANet，成为现代互联网的雏形。图6.5所示为20世纪70年代ARPANet网络中的一台计算机。

- 1970年，美国夏威夷大学的诺曼·阿勃拉姆逊研制成ALOHANet，这是早期的著名互联网之一。ARPANet开始采用由加州大学洛杉矶分校的斯蒂夫·克洛克设计的网络控制协议（Network Control Protocol，NCP）。

图 6.5①

- 1972 年，BBN 公司的雷·汤姆林森发明了电子邮件。ARPARNet 的节点由 3 个变成 40 个，E-mail、FTP 和 Telnet 是早期的重要应用。

- 1974 年，ARPA 的鲍勃·凯恩和斯坦福的温登·泽夫（图 6.6）合作，提出 TCP/IP 协议。美国军方研发的 TCP/IP 协议向世界无条件免费提供。

- 1975 年，比尔·盖茨成立微软公司。

- 1976 年，史蒂夫·乔布斯成立苹果公司。

- 1978 年，美国国防部决定以 TCP/IP 协议的第 4 版作为数据通信网络的标准。

---

① 图片引自 computerhistory.org：Internet History of 1970s https://www.computerhistory.org/internethistory/1970s/。

| 区块链性能提升技术

图 6.6[①]

在 ARPANet（阿帕网）运作之初，通过接口信号处理机实现互联的计算机并不多，大部分计算机相互之间不兼容。在一台计算机上完成的工作很难拿到另一台计算机上去用，想让硬件和软件都不一样的计算机联网有很多困难。当时美国的状况是，陆军用的计算机是 DEC 系列产品，海军用的计算机是 Honeywell 中标机器，空军用的是 IBM 公司制造的计算机，每一个军种的计算机在各自的系统里都运行良好，但有一个大弊病：不能共享资源。当时的科学家们提出这样一个理念："所有计算机生来都是平等的。"让这些"生来平等"的计算机能够实现"资源共享"就得在这些不同的系统和标准之上，建立一种大家都必须遵守的标准，这样才能让不同的计算机按照一定的规则"谈判"和"握手"。

在这个背景下又经过大约 5 年的发展时间，鲍勃·凯恩和温登·泽夫发明了所有网民和网管人员都在使用的"传输控制协议"(Transmission-Control Protocol，TCP) 和"因特网协议"(Internet Protocol，IP)，即 TCP/IP 协议。

[①] 图片来自二位的维基百科介绍页面 https://en.wikipedia.org/wiki/Bob_Kahn 和 https://en.wikipedia.org/wiki/Vint_Cerf。

通俗地说，IP 负责数据传输，TCP 负责发现传输的问题，一有问题就发出信号，要求重新传输，直到所有数据安全正确地传输到目的地。1983 年，美国国防通信局把 ARPANet 各站点的通信协议全部转为 TCP/IP，这是全球 Internet 正式诞生的标志。

1985 年，因特网架构理事会举行了一个为期三天、有 250 家厂商代表参加的关于计算产业使用 TCP/IP 协议的工作会议。这个会议有力地推动了 TCP/IP 协议的推广，从此奠定了网络的根基。

20 世纪 90 年代中期开始，互联网的飞速发展对于社会的文化和经济产生了革命性的影响。不断涌现出新的事物，如电子邮件、即时消息、VoIP 网络电话、互动视频通话和 WWW 协议，极大地增强了人与人之间的链接能力，从而崛起了新的产业，比如社交网络和电子商务。不断产生的数据通过越来越快的光纤网络被传递，从 1 Gbit/s 到 10 Gbit/s，很快到 40 Gbit/s，互联网占据全人类通信方式的比例从 1993 年的不到 1‰ 到 2000 年的接近 51%，而到了 2007 年几乎占据了 97% 的比例。互联网迅速地攻城略地，不断开拓信息帝国的新疆域。所到之处所向披靡，从电子商务到网络广告，从音乐到游戏，从电影到旅游，我们所有的人都被链接了起来。

2. 困境

可是当所有的人被链接起来以后，我们突然发现陷入了一片数据的汪洋，几乎所有的资源都被大的公司垄断，所有的上升通道都层层叠叠被各路大鳄阻拦，好不容易跳出来一个十年难遇之才，过五关斩六将，创业修成正果，却又摇身一变成为大鳄家族新的一员。

于是创业者们发现过去十年中无数的公司夭折，再也没有一家大型的科技公司兴起，哪怕是最新的巨头 Facebook 也是诞生于 2004 年。这导致了越来越多郁郁不得志的程序员在全球范围内积累，他们势单力薄，开发的产品在巨头的虎视眈眈下很难产生巨大的社会价值，不得不早早选择卖掉。

Coinbase 的 Armstrong 说保守估计这样的程序员可能有 500 万，等着随时揭竿而起，王侯将相宁有种乎？（是的，将这个时代的程序员和盖茨创建微软时代的程序员比较来看，他们从技能到雄心壮志都不遑多让。）

一个更令人伤心的情况是，财富在普通人口袋里开始悄悄贬值。工业时代达到 5 000 亿美元市值的公司，比如通用电气或者福特汽车这样的公司，大约能雇佣 60 万～80 万员工（毫无疑问，这些人也成了那个时代的中产阶级）。而在 2017 年底达到 5 000 亿美元市值的 Facebook 只雇用了 25 105 个全职员工（当然他们也是中产阶级）。腾讯有 4 477 亿美元的市值，雇佣多少人呢？44 796 名！那么从工业时代跨越到信息时代，从头部上市公司中流出来的这几十万人怎么办呢？

另外一个事实是自从 1971 年 8 月，当时的美国总统尼克松宣布美元与黄金脱钩，近 50 年间美元对黄金缩水了 97％（刚好和互联网发展处于同一个时期）。如图 6.7 所示，从 goldprice.org 网站上的数据可见黄金对美元的价格不断变化。1971 年，一盎司黄金的价格是 42.53 美元。2011 年，由于美债评级降低、股市大跌等原因，黄金价格历史性地突破 1 800 美元/盎司。2019 年，仍达到 1 303 美元/盎司。

互联网女皇 Mary Meeker 在每年一次的互联网趋势报告中一直在强调两个趋势：手机越来越小，数量越来越多，功能越来越强大；我们越来越没有钱（所谓的轻资产化）。顺应这样的潮流，购物平台拼多多的成功和"消费降级"的商业实践在社会上引起了广泛讨论。

这一现象其实是可以理解的，尽管"中国人爱储蓄"的标签已经属于历史，但是人们整体风险观念的改变是滞后于时代的。尤其是当下，在中国医疗、保险、养老等制度尚未得到根本性的改善，人们很大概率需要自己为未来的不确定性买单。在这样的背景下，消费降级的中国出现这样的市场现状——人们因为焦虑和恐慌快速地负债（担心房价上涨而买房），同时自己还需要时间适应每月高额的利息支出，加上对于潜在未来支出充满不安全感，消费性支出锐减。拼多多的逻辑就是适应这样的市场，提供简单有效的服务——用更少的钱来体验正常消费的快感。

图 6.7

3. 廉价的货币

如果你认为这个和区块链没有太大的关系，那么就大错特错了。区块链不是某一单独的技术，而是若干技术的组合。区块链也将促进新的生态逐渐成形，进而孕育出新的商业物种，最后颠覆现有的知识体系，开辟出新的世界。在互联网创新遇到瓶颈时，区块链是时代发展的必然选择。所以观察区块链需要放在一个时代背景下去思考。正如在过去的 50 年中除却互联网的飞速发展，我们还可以看到很多技术在快速的变革。也正是通过给其他领域赋能，通过和不同的新技术发生"化学反应"，互联网才创造了更大的价值。比如：

- 医疗和生物技术领域：新的药物制造流程；
- 交通运输领域：大型客机，高速铁路；
- 机器人和制造业：越来越多的机器人和高度自动化的生产线；

- 通信技术领域：通信卫星，GSM，CDMT，LTE 网络的出现；

- 音乐和游戏领域：索尼的随身听，苹果的 iPod，MMORPG 游戏，手机游戏的普及；

- 银行业：遍布世界各地的 ATM 机 24 小时提供服务；

- 个人电脑和手机领域：桌面式个人计算机到平板计算机的进化；

- GPS 技术领域：全球移动定位技术的广泛应用；

- 半导体技术领域：越来越快速的半导体产业。

不过，这些发展还是在延续工业时代的思维，使得生产能力变得更强，单位资本的效能也变得更大，从而使个体被赋能，拥有更多的社会资源，或者说使个人成为更强大的社会资源的一部分。

而互联网则不是这套逻辑。互联网提供的是更加通畅的信息传递通道和更加可靠迅捷的通信工具。得益于人与人、人与机器、机器与机器这三条链接的显著增强，资讯、广告、游戏、音乐、电影等内容服务在互联网环境下得到蓬勃生长。互联网已经不再仅仅扮演信息传递通道的角色，它还实现了线上消费、支付账单、达成交易、产生规模化的协作。而随着更多的智能设备、摄像头、移动计算平台的出现，实体世界和数字世界的边界逐渐在模糊，两个世界不再泾渭分明，而是开始相互渗透、相互融合。

到了 2009 年，比特币横空出世。其核心目标就是提供更廉价的货币，更廉价的货币意味着更低的利率，而更低的利率带来了更高的流动性，更高的流动性就必然催生更快的商品交换，促进生产和消费。这个愿景实际上和互联网 50 年的发展路径是一致的，比特币携带着互联网的原始基因，于是人们把它叫作价值的互联网。

区块链是基于互联网的价值传递网络，其本身并不产生新的价值，那些被其传递的价值还是来自实体经济，来自生产劳动，来自播种的土地、喷出的石油和对新的生产资料的勇于探索。区块链提供了一种构建全新生产关系的机会,而数据,特别是海量的数据将成为新的生产资料,人工智能带来新的生产力。区块链通过改造生产关系,使得人工智能可以通过基于数据产生新的价值。

4. 新金融

"20世纪后半叶,有一项创新改变了全球商业模式。起初,一些人认为其很快就会过时;而另一些人则坚信其必将产生巨大影响。一些公司对其进行投入最终获得成功;而另一些公司却就此衰落。最终,这项创新加速推动已经进行了数百年的全球化最终得以实现。我所说的这项创新不是软件行业,而是航运业中一项没有很多人注意的工具:集装箱。"

——比尔·盖茨

图6.8所示为被比尔·盖茨称赞改变全球商业模式的技术——集装箱。

图6.8

金融世界的集装箱就是区块链,区块链和加密货币就是新金融的工具。就像互联网是新媒体的工具一样,两者都不会一夜之间建成。真实情况是金融的基础设施改变非常少,今天大多数的交易已经是以电子的方式进行的,最关键的部分并未有过转变:合约和协议的创建。今天我们仍无法创建一个完全自动运转的金融合约。另外,今天全球性的银行间转账依靠金融报文交换系统,也就是环球银行金融电信协会(Society for Worldwide Interbank Financial Telecommunication,SWIFT),这是一个 1973 年就成立的全球性的行业组织。到 2015 为止,SWIFT 的服务已经遍及全球 200 多个国家和地区的 11 000 多家银行和证券机构、市场基础设施和公司客户,每日处理的报文次数达到 1 500 万。这些正是区块链需要改变的。

区块链领域已经出现了一系列基础的工具,这些是任何正常运行的金融系统都需要的,如杠杆、保证金、记账单位、交易所、债务和权益工具。通过区块链浏览器,任何人无须授权就可以自由地进入这个新的金融世界。在这里消费者可以直接获得想要的金融服务,而无须联系银行。比如,从 MakerDAO 可以方便地借入或借出加密资产(图 6.9 所示为 MakerDAO 项目[①]的关键部分:CDP 抵押仓。用户可以在其官网上抵押 ETH(形成抵押仓)

CDP Id	Stability Debt (DAI)	Governance Debt (MKR)	Locked (PETH)	% Tot (PETH)	% Ratio	Avail. DAI (to draw)	Avail. PETH (to free)	Liquidation Price	Status	Actions
0	0.000	0.000	0.630	0.000%	-	130.254	0.630	-	Closed	Lock / Free / Draw / Wipe / Give / Bite
3	0.000	0.000	1.000	0.000%	-	206.628	1.000	-	Safe	Lock / Free / Draw / Wipe / Give / Bite
5	50,000.000	0.400	440.763	0.030%	273.056%	41,018.808	198.635	163.338	Safe	Lock / Free / Draw / Wipe / Give / Bite
7	0.000	0.000	48.795	0.003%	-	10,076.352	48.795	-	Safe	Lock / Free / Draw / Wipe / Give / Bite
12	0.000	0.000	4.251	0.000%	-	878.012	4.251	-	Safe	Lock / Free / Draw / Wipe / Give / Bite
13	0.000	0.000	0.003	0.000%	-	0.710	0.003	-	Safe	Lock / Free / Draw / Wipe / Give / Bite
17	57,318.134	3.942	995.946	0.068%	538.221%	148,347.397	718.380	82.866	Safe	Lock / Free / Draw / Wipe / Give / Bite
18	0.000	0.000	0.049	0.000%	-	10.152	0.049	-	Safe	Lock / Free / Draw / Wipe / Give / Bite
19	0.000	0.000	0.236	0.000%	-	48.780	0.236	-	Safe	Lock / Free / Draw / Wipe / Give / Bite
20	0.000	0.000	0.002	0.000%	-	0.486	0.002	-	Safe	Lock / Free / Draw / Wipe / Give / Bite
21	0.000	0.000	0.065	0.000%	-	13.560	0.065	-	Safe	Lock / Free / Draw / Wipe / Give / Bite
25	0.000	0.000	0.102	0.000%	-	21.158	0.102	-	Safe	Lock / Free / Draw / Wipe / Give / Bite
27	1.000	0.000	0.100	0.000%	3,097.537%	19.850	0.095	14.398	Safe	Lock / Free / Draw / Wipe / Give / Bite
30	0.000	0.000	0.001	0.000%	-	0.242	0.001	-	Safe	Lock / Free / Draw / Wipe / Give / Bite
36	490.547	0.032	35.789	0.002%	2,259.914%	6,900.091	33.414	19.735	Safe	Lock / Free / Draw / Wipe / Give / Bite

图 6.9

---

① 项目网址 https://dai.makerdao.com/。

生成稳定币 DAI。从图中可见 5 号 CDP 仓生成了 5 万个 DAI。由于 ETH 本身价格会激烈波动不适合构建与目前人们所熟悉的金融系统相关联的体系，这样的金融系统需要有更为稳定的加密资产），还可以通过抵押 ETH，生成新的加密资产 DAI；Dharma 项目允许用户申请或提供基于 ERC20 可替代型代币或 ERC721 不可替代型代币资产的贷款；dYdX 项目则允许用户进行衍生品交易；而 Compound 为 DAI 等链上资产提供了货币市场借贷（Compound 项目[①]展示了一个去中心化银行的早期形态。以图 6.10 中标的 DAI 为例，当前的存款年利率是 3.49%，贷款年利率是 10.4%。这样的利息吸引了超过 600 万 DAI 存款，放出了 200 多万的 DAI 贷款）。在交易市场层面已经有 0x、

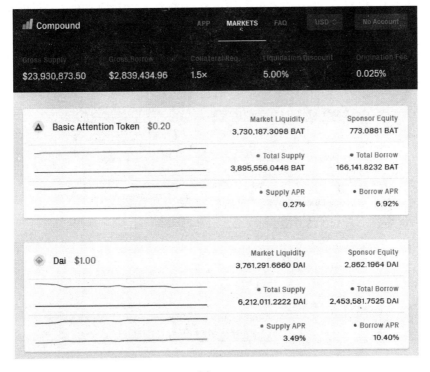

图 6.10

---

① 项目网址 https://app.compound.finance。

Kyber这样的去中心化交易所协议，以及第三方交易所；Radar Relay、Easwap现在都已经发挥作用，使得非托管交易成为可行的现实。Uniswap可以提供流动性并自动赚取费用（图6.11所示为Uniswap项目[①]简单明快的操作界面。目前ETH-TUSD交易对的储量为1 600.74 ETH＋226 096.18 TUSD，兑换率是1 ETH＝140.73 TUSD。因为你想换取的TUSD已经在池子里放着了，无须等待对手随时可以完成兑换，前提是你接受这个价格）。Uniswap本身是一个去中心化的交易所，与传统交易所不同之处在于它不需要用户挂单，随买随卖。为了能提供好的交易体验，Uniswap规定凡是能将等值的ETH和ERC20代币投入交易合约的人都是流动性提供者，他们可以从交易所合约中获得Uniswap代币。凡是使用Uniswap进行交易的人都要支付0.3%的交易费，并将分配给持有Uniswap代币的人。

图6.11

[①] 项目网址 https://uniswap.exchange/send。

这些都是基于以太坊构建的新一代金融基础设施，这些工具的出现使得区块链上已经初步具备一个相对完整的金融基础生态系统。

- 去中心化交易所：消费者可以自行访问全球市场，以交换代表不同类型的加密资产。示例包括：0x、Kyber Network、Loopring。

- 稳定币：用户可以自助式由法币或其他数字资产进行抵押获得稳定币。在某些国家，这可能是对其本国货币的一次重大升级。示例包括：MakerDao 的 DAI（抵押链上资产）、Circle 的 USDC 和 Trust Token 的 TrueUSD（抵押美元）。

- 贷款和借款：消费者可以通过抵押数字资产自行获得贷款（理论上无规模上限）。示例包括：MakerDao 的 CDP、Dharma 的贷款服务、Compound 的借款池。

- 资产管理：客户可以自行访问跟踪各种新的或传统的底层证券资金/投资组合。示例包括：Melonport 的资产管理平台、Compound 的货币市场基金、Iconomi 的加密指数基金。

- 衍生品：消费者可以自行获取衍生品市场，以在各种结果上创建多头/空头头寸。这些可以用于风险管理或杠杆投机。示例包括：dYdX 的保证金代币、CDX 的交换信用违约掉期（银行存款保险的加密版本）和 Augur 的预测市场。

- 代币发行：客户可以（通常）通过投资银行自行发行代币化资产。如果发行涉及现实世界资产，发行人需要遵守当地法规（例如，涉及在美国注册的资产需要遵守美国法律）。发行平台的示例包括：Digix（通证化黄金，在新加坡中存储）、Swarm（遵循美国法律的证券代币）和 Polymath（具有可编程跨辖区管制的通证化资产）。

上述项目彼此交错融合，已经逐渐发展成为一个全新的体系和物种。有人甚至把之前的银行业称为模拟信号，受到种种制约；而区块链上的金融服务是数字信号，没有边界，自由流动。如果我们回顾人类信息获取的历史，会注意到通过教育、思想和新技术的快速传播，互联网促进社会不断进步，这也展示了互联网对人类获取信息的方式进行着巨大的改造。金融并没有经历过类似的创新。这次区块链对金融的改造可能很激烈，其程度不亚于微博和博客的出现。

同样的变化也会发生在金融体系中，通过创建去中心化的新金融市场，社会将受益于过去互联网创新带来的同等影响。但这一次，它将改变价值传递的方式。如果用信息传递的标准来衡量现在的金融市场，我们不只是试图创建"电话"和"电报"。我们未来的目标是让金融领域直接跳到"互联网"，让价值如同信息一样自由地流动。将货币视为言论自由的一种延伸其实是一件很自然的事。金钱如果能够用字节来表达，那么金钱也能像字节一样传播。

试图准确预测哪些新玩家和商业模式出现并最终获胜将是困难的。创新商业模式很可能来自现有企业（银行、券商和资产管理公司）、初创公司和技术社区。随着现有企业和创业公司越来越熟悉新范式，以及开始了解区块链的监管机构和政策制定者，将激励金融自由创新。

只有通过做一些不同的事情，才能期望得到不同的结果。

5. 未来

最后，还是让我们来预测未来。

如果我们拉近一点看未来十年的发展，5G通信技术应该在市场中铺开来，短距离的超宽带技术使得移动互联网和手机网络发生翻天覆地的变化，半导体技术在朝着超越摩尔定律的方向发展，更低的功耗就能提供更强的感知、计算、通信能力。区块链不是单独存在的，它将和各种技术相互促进，互相辉映。

(1) 5G 通信技术的发展

随着 5G 甚至 6G 网络的建成，移动网络将是最主要的通信方式。通过移动设备（不一定是手机）我们可以完成所有的计算需求。我们还会迎来一个物联网大发展的时代，届时会出现大量的设备对设备的通信。

(2) 半导体技术的发展

由石墨烯、二维硫化物半导体构建的范德华力二维堆垛结构，让未来器件的尺寸超出你的想象（如图 6.12 所示，多种性能各异的二维材料被发现，使得我们可以像搭乐高积木一样组装超薄的范德华力器件）。因为太薄，这些具有超强计算能力的装置，将很容易改变你对半导体器件的"强硬"印象，轻松和衣服集成在一起。新一代半导体超高的电子迁移率、优秀的散热性能将会给芯片设计者带来全新的设计思路。

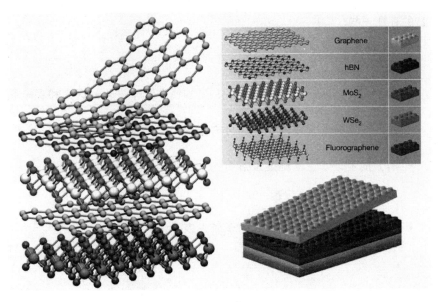

图 6.12①

---

① 图片引用自诺贝尔奖获得者，石墨烯的发现者 Andre Geim 的文章：Geim A, Grigorieva I. Van der Waals heterostructures. Nature，2013，499（7459）：419-425.

(3) 摩尔定律

"当价格不变时,集成电路上可容纳的元器件的数目约每隔 18~24 个月便会增加一倍,性能也将提升一倍。换言之,每一美元所能买到的计算机性能将每隔 18~24 个月翻一倍以上。"这就是著名的摩尔定律。实际上在享受更便宜的计算机的同时,半导体、芯片、计算机、互联网等行业的迅速发展给我们带来的收益要比这多得多。而拥有挖矿设备、节点的区块链显然也是这个快速成长的系统中的一员。这个阶段的区块链技术会与这些底层的技术相生相伴,奠定价值互联网的基础,成为未来互联网的雏形。

如果我们把视野拉远一点看未来的 50 年,即到 2069 年,区块链技术会逐渐弥散到互联网中,成为互联网继 TCP/IP 协议之后的另一类被广泛使用的协议,即价值协议(Value Protocol)或者叫信任协议(Trust Protocol)。然后就"不见了",就像一个用滴滴出行 App 叫车的乘客并不(需要)知道 TCP 的存在一样。

不过我们会得到如下的东西:

- 电子病历进入日常医疗和生活,更加精准和个性化的医疗和保险服务;

- 进入任何需要授权的实体不再需要密码,而是生物特征识别;

- 消除贫困,即使基础设置落后的地区也可以使用银行服务以及快捷的电子支付;

- 一个难以想象且更具活力的全新未来。

*** 扩展阅读 ***

稳定币：联通现实世界和区块链宇宙

2019年6月18日，Facebook正式上线其加密货币"Libra"官网，网站上的白皮书显示这将是一种新的稳定币，其主要的使用场景包括跨境汇款业务。据悉2017年，全球仅汇往印度一国的资金就达到690亿美元，如果按照西联汇款的一般手续费0.006计算，这将产生4.14亿美元的手续费。看来Facebook对这一市场很感兴趣。

当已经拥有了相当规模的跨国用户时，使用稳定币对降低交易成本有巨大的优势。从这个角度讲，凡是涉及全球用户的互联网企业可能都有潜在开发稳定币的动力。目前，行业中出现的稳定币设计主要有三种类型：法币抵押、加密资产抵押和完全依赖算法。它们有着各自不同的特点。

1. 法币支撑稳定币

其逻辑很直接易懂，每发行1个单位的稳定币，在相应的储备空间（通常是银行）中储备1个单位的法币。著名的案例就是USDT，但由于USDT本身不够公开透明，市场信心也容易被各种消息影响造成短时的大幅波动，给投资者带来巨大损失。因此，一些比USDT更加透明的锚定美元稳定币，比如Gemini的Gemini Dollar（GUSD）受到了广泛关注。

Gemini Dollar以及同时被美国政府批准的Paxos Standard Token（PAX）是世界上首次发行的受监管的加密稳定货币。通过接受美国政府的监管，GUSD能更好地解决现有稳定币的信任问题。GUSD的发行机构是Gemini Trust Company LLC（Gemini），这是一个在美国的信托公司，该发行机构由美国纽约州金融局（New York State Department of Financial Services）监管，并遵循纽约州银行法。GUSD代币使用基于以太坊区块链的ERC20协议，每个代币都在 Gemini 有对应的美元抵押。

道富银行将接受 Gemini 信托公司的现金存款，对 Gemini 账户每月进行第三方审计，以确保账户存在的每一美元对应一个 Gemini Dollar。通过发行具有政府监管的稳定币，让政府信用进入加密货币领域，极大地拓展了加密货币的应用场景，引起了市场的关注。同期发行的 PAX，在发行了 18 天后，24 小时流通量已经达到 0.14 亿美元。这些进展彰显了市场对受监管的稳定货币的热情。有评论进一步指出，通过发行基于美元的稳定币，美元的流通性和避险工具属性会得到加强。以下是这种稳定币的直接用途。

（1）换汇。美元法币因为汇率和政策因素，在很多国家的内部流通还有很多限制。通过区块链兑换基于美元的稳定币，这可能是从未有过的最方便的换汇方式。

（2）储蓄和支付。对于一些主权货币不稳定国家的公民来说，储蓄一个强大国家背书的稳定币并且能够非常快捷地使用该稳定币作为支付手段，对其国民来说有大的吸引力。

总而言之，基于美元的稳定币，开辟了一个新的跨国界的国家信用货币形态。基于区块链的强流通性和其他特性（不可篡改性、透明性、安全性），一旦美元稳定币获得普及，会使得美元作为国际货币的霸主地位得到大大加强。

2. 抵押加密资产稳定币价

用加密资产抵押发行稳定币的例子是 MakerDAO 的 DAI。DAI 价格是由抵押品（以太币 ETH）来支撑的。假设你持有以太币，想要生成 DAI，首先需要把你的以太坊发送到名为"担保债务头寸"的合约（Collateralized Debt Position，CDP）。CDP 本身是一个运行在以太坊上的智能合约。在这里以太坊作为抵押品，其角色如同其他的抵押品一样，日常生活中我们可能最熟悉的抵押品就是房产。假设你把你的房子作为抵押品向银行申请一些贷款，银行在评估了你的房产后把少于房产价值的现金给你作为贷款。如果你房子的价值下降了，他们会要求你偿还贷款。如果你不能偿还贷款，他们就会把你的房子收走并拍卖。在 MakerDAO 系统中，以太币就相当于房子，智能合约相当于银行，DAI 相当于贷款。你把以太币存入 CDP 智能合约，然后就获得了 DAI（贷款）。如果你抵押的以太币的价值低于某一个阈值，那么你需要像偿还银行贷款一样偿还智能合约的贷款（把当时获得的 DAI 发送回创建这些 DAI 的 CDP），要不然智能合约会把你用于抵押的以太币拍卖给竞价最高者。

法币背书的稳定机制很容易理解，那 CDP 是如何稳定币价的呢？实际上抵押物（或者 CDP 的拥有者）吸收了价格的波动。假设当前的价格 1 ETH＝100 USD＝100 DAI，那么小明抵押 1 ETH 只能根据抵押率（该数字是由 MakerDAO 制定的，并根据情况作出调整）获得少于 100 枚的 DAI。假设现在的抵押率是 150%，那小明只获得了 66 枚 DAI。如果市场上 ETH 的价格上涨，则没有任何问题；如果 ETH 价格下跌，则先通知抵押人归还一部分 DAI，如果无法归还就会启动拍卖机制。这里涉及由 MakerDAO 决定的第二个"警戒线"参数。假设当前的案例警戒线是 1 ETH＝75 USD，当 CDP 获知抵押物的价格已经低于警戒线了，则开始对这个有 1 ETH 的 CDP 进行拍卖。只要有人愿意提供 66 DAI 就可以获得该 CDP。注意，如果此时 1 ETH 的价格是高于 66 USD 的，则实现该拍卖是很容易的。

当然还有另一种情况，由于币价的短时剧烈波动，1 ETH 的价格已经小于 66 USD 了，上例中的 CDP 即使被拍卖也无法偿还 66 个 DAI（没人愿意花 66 个 DAI 来获得该 CDP），这个时候智能合约会自动生成 MakerDao 的代币（MKR）并在市场上销售以获得 DAI 来填补亏空。即 MakerDao 的成员（也就是 MKR 的所有者）将最终为波动性埋单。

那如何稳定到 1 DAI＝1 USD 呢？因为在所有决策中的输入价格都是抵押物的美元价格，所以如果 1 DAI 不等于 1 USD，实际上可以存在套利空间，很快抹平了价格差异。比如说小明发现市场上 2 DAI＝1 USD，他会立刻用 33 USD 去购买 66 DAI，归还 66 DAI，把他前面创建的 CDP 注销获得 1 ETH，然后卖出 1 ETH 获得 100 USD。所以一旦 DAI 的价格低于 USD，很多人就会关闭 CDP，从而减少市场上 DAI 的供应量，供求关系的变化会促使 DAI 本身的价格变化。我们可以简单总结一下 DAI 的特点。

(1) 好处：除了获得稳定币之外，相当于获得一个做多杠杆。就像你把房子抵押获得小于房子价值的贷款时，你拥有了更强的购买力。

(2) 坏处：较高的手续费。MakerDAO 收取每年 17.5% 的维稳费。

3. 完全依赖算法的稳定币

其稳定过程的核心思想类似于目前的央行，当币价低于特定标准后收回币并销毁，当高于标准时则增发。需要注意到，央行决定货币供应量是在掌握了大量的宏观经济信息之后，且有足够的声誉（国家权力背书），才能对市场进行有效管理。对比央行，目前的算法还不能精确判断货币的需求量。如果只是根据市场的价格（如显著低于某个值）才开始回收，则跟不上经济的周期。在设计过程中还有几个关键问题，如果价格高于目标值，需要增发，这些增发的币给谁？当价格低于目标值时，需要销毁，如何从用户手中换回？

目前几种主要的算法稳定币都已经失败了，比如说 Basis 项目在 2018 年 12 月 14 日决定将募集到的剩余资金返还投资人[①]。

图 6.13 所示为从 coinmarketcap.com 网站上查询到的三种锚定美元的稳定币的稳定性能，从这些抖动的曲线看，要想做一个优秀的稳定币是很困难的。最后一个项目 NuBits 已经完全丧失了稳定的功能，但其官网上任然声称是 "World's Best Stable Digital Currencies"[②]。

[①] 此消息来自国外媒体 coindesk 报道。https://www.coindesk.com/basis-stablecoin-confirms-shutdown-blaming-regulatory-constraints。

[②] 感兴趣的读者可以去其官网做进一步了解 https://nubits.com/。

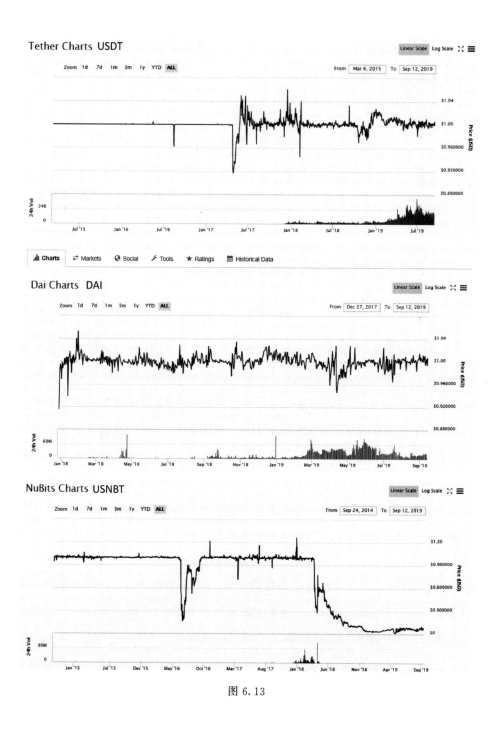

图 6.13

后记一
寻找一个最佳的方案

让我们再回到区块链扩容的"不可能三角",其实这种"不可能三角"要求的是十分理想的情况。比如在实际处理"蒙代尔不可能三角"时,是否可以放弃部分本国货币政策的独立性,来获得汇率的稳定与资本的流动呢?现实生活中,很多国家都采用类似的政策,确实维护了汇率的相对稳定,并能促进经济稳健增长。从这个角度看,在从技术上找到一个最优解之前,我们可以根据实际需要在"去中心化""安全性""可扩展性"之间找到一个合适的当前解,也就是在这个三元坐标系中找到一个满足特定需求的平衡点。一个优秀的方案需要和当前的使用场景紧密结合,面向快速小额支付时(比如乘公交刷卡),人们可能关注的是能否在毫秒级确认转账交易;面向大额转账时(比如买房),人们则担心交易是否安全,手续费是否优惠。这些差异巨大的使用场景也就预示着没有"通杀"型的区块链共识方案。设计一个具有足够扩展性的网络则成了真正解决这个问题的关键。

在中心化系统多年的实践中,水平扩容凭借良好的线性扩容能力被当前的大型互联网公司作为主要的扩容方向,这很可能也是未来使用最广的区块链扩容路径。需要注意的是,几种扩容方法之间并不是此消彼长的零和博弈,而是保持相互支持、共同提升的关系。以分片作为最基础框架，分片下面的分片链可以进一步通过调整出块参数、使用效率更高的共识机制、更新物理服务器等手段来提升整个网络的性能。不适合链上解决的问题，还可以使用状态通道等技术放到链下来解决。未来的区块链基础设施将是一个兼收并蓄、海纳百川的系统。

这或许才是最佳方案。

后记二
中国区块链发展的新机会

2019年10月24日下午，中共中央政治局就区块链技术发展现状和趋势进行第十八次集体学习。中共中央总书记习近平在主持学习时强调，区块链技术的集成应用在新的技术革新和产业变革中起着重要作用。要把区块链作为核心技术自主创新的重要突破口，明确主攻方向，加大投入力度，着力攻克一批关键核心技术，加快推动区块链技术和产业创新发展。

总书记的讲话给予了区块链领域的从业者巨大的鼓励。中国的区块链行业将要迎来大的发展。那么具体哪些细分领域在近期更有机会呢？接下来，和大家一起分享一下我们学习了总书记讲话之后，就这个问题的一点体会。

在基础研究方面，总书记指明了以下努力方向。

"要推动协同攻关，加快推进核心技术突破，为区块链应用发展提供安全可控的技术支撑。要加强区块链标准化研究，提升国际话语权和规则制定权。"

（1）强化基础研究，建立标准。目前区块链技术还在发展的早期，离全面的商业落地还很早。最为棘手的问题就是性能瓶颈明显，如果要让14亿中国人每天都能使用1次区块链，就需要网络的TPS达到16 203，而当前很少有公链可以达到这一要求。另外，在隐私保护、智能合约升级、大规模链上数据存储等关键领域还需要持续的投入，加强基础研究，以期早日获得突破。

区块链技术天然有着全球参与的特点，多个发达国家都有著名的公链开发团队，尽早掌握制定国际标准的话语权，有望把我国的区块链技术向全球输出，推广中国的区块链，占领更多的全球市场。

"要加快产业发展，发挥好市场优势，进一步打通创新链、应用链、价值链。要构建区块链产业生态，加快区块链和人工智能、大数据、物联网等前沿信息技术的深度融合，推动集成创新和融合应用。"

（2）发挥市场功能，特别是要把区块链和人工智能等技术深度融合。中国有巨大的市场，如果能充分发挥市场的作用，将会为中国的区块链企业提供足够的养分使其快速成长。区块链技术不是单独存在的，如果能把区块链和人工智能、大数据、物联网等前沿技术深度融合，将为"区块链＋"注入更为全面的内涵，为更多传统行业赋能。

"要加强人才队伍建设，建立完善人才培养体系，打造多种形式的高层次人才培养平台，培育一批领军人物和高水平创新团队。"

（3）人才先行。新技术的突破离不开人，高校要肩负起为国家、为企业输送区块链人才的重任，需要尽快设计出合理的培养方案，完善人才培养体系，开设相关课程，编写教材。除此之外，省市图书馆可以开办一些区块链领域的科普讲座，充分利用网络流媒体普及区块链知识，学习强国App上线《区块链技术入门》视频学习课程就是很好的尝试；出版机构可以策划出版一批不同层次，面向不同人群的区块链读物。

除了加强基础建设，总书记还明确提出要在以下几个领域探索区块链的应用。

> "要探索'区块链+'在民生领域的运用,积极推动区块链技术在教育、就业、养老、精准脱贫、医疗健康、商品防伪、食品安全、公益、社会救助等领域的应用,为人民群众提供更加智能、更加便捷、更加优质的公共服务。"

(1) 民生领域。总书记对民生一直非常关心。把区块链技术应用于民生领域有望迅速提高民众的获得感。比如,把区块链和商品防伪以及药品安全相结合,儿童疫苗从制造到运输,再到医院存储和使用的全环节能够不可篡改地记录在案,供孩子家长随时查阅并放心使用。扶贫、公益、救助等数据上链,有助于捐助人和捐助机构准确地了解善款的使用去向,提高公益的透明度将有助于吸引更多的人做公益。

> "要推动区块链底层技术服务和新型智慧城市建设相结合,探索在信息基础设施、智慧交通、能源电力等领域的推广应用,提升城市管理的智能化、精准化水平。"

(2) 智慧城市。智慧城市的概念很大,包括新能源、智能交通等。其中新能源的发展趋势正是朝着分布式、小型化方向迈进,家庭可以在自家房顶铺设太阳能电池取电自用,剩余的电还可以卖给电网。这就要求未来的电网将能够做到两个方向快速结算,根据供给和需求快速调节输电比例,在这个领域区块链大有用武之地。

> "要利用区块链技术促进城市间在信息、资金、人才、征信等方面更大规模的互联互通,保障生产要素在区域内有序高效流动。要探索利用区块链数据共享模式,实现政务数据跨部门、跨区域共同维护和利用,促进业务协同办理,深化'最多跑一次'改革,为人民群众带来更好的政务服务体验。"

(3) 政务数据共享,跨区域互联互通。中国地大物博,历史上各个省份都是根据自己的客观情况实施不同的政策。但随着现代化的运输工具的出现，人口不断的自由迁徙，越来越多的人离开出生的省份到外省去工作，或退休之后到另一个省去养老。个人的信息和社会福利（如养老保险等）也需要跟着本人在全国范围内自由流通。区块链在这个方面可以促进相关业务在多个省份协同办理，为广大人民群众带来更好的体验。

我们相信，随着国家和社会的不断重视，区块链行业将会迎来飞速发展，帮助我们在中国快速构建一个信用社会，最终每个生活在其中的个体都将收获便利，降低交易成本。而《区块链性能提升技术》一书将会为行业的从业者、技术爱好者在构建信用社会的过程中提供重要的参考。